武蔵野市百年史 前史

——武蔵野四か村の成り立ちから
三多摩の東京府移管まで——

植手通有

あっぷる出版社

序文

『武蔵野市百年史』は、明治二二年の武蔵野村成立から百年を迎えることを記念して企画された市史でした。武蔵野市はそれまでにも、いくつかの市史を出版していますが、執筆を担当されたのは、地元の成蹊大学の先生方でした。

この『百年史』も、成蹊大学の佐藤竺先生が委員長となって市の編纂室の方々を中心に進められたようです。植手は佐藤先生からお話を頂いて参加し、武蔵野村成立から昭和二二年までの記述編を担当しました。執筆は成蹊大学在職中から行っていましたが、記述の正確を期すための資料の読みこみなどに時間がかかり、『武蔵野市百年史　記述編Ⅰ』が出版されたのは、退職してから六年後の平成一三年でした。

武蔵野市の百年ということで、記述は武蔵野村の成立からはじまっていますが、植手は、江戸時代からの歴史も入れたかったようです。そのために、最初の市史である『武蔵野史』や、近隣の市の市史、神奈川県史などを参考にして作表なども進めていました。

結局は、「武蔵野村が成立してからの歴史を」ということになり、村の前史の部分は出版されませんでした。しかし、村が形成される過程を熱心に調べ、近隣の市町村の出来事なども盛り込んだ前史の部分には、ひとしお思いも強く「なんとしても出版したい」と願っていました。

心づもりでは、まず自分が書いてきた論文などの加筆修正を済ませてから、武蔵野市史の前史部分を見直そうと思っていたようです。しかし、論文の加筆修正も完全に終わらないまま二〇一一年に亡くなり、武蔵野市史の前史部分はそのまま残されました。

前史部分の文章は、編纂室によってワープロで原稿化されていましたし、表も編纂室の方々によってきちんと整理されていました。成蹊大学在職中にすでに書き終わっていた部分でしたので、手書きの原稿もありました。じつは、その手書きの原稿が一時行方不明になってしまい校正は無理かと思われましたが、コピーが無事に見つかり校正を済ませることができました。

本書の第四章までが、『百年史』には含まれなかった前史部分です。第五章から七章までは、武蔵野市のご厚意による『百年史』の冒頭の三章です。そもそも一冊の本のなかに入れるつもりだった部分ですので、第四章で完結させるのには無理がありました。何か文章を付け足すつもりだったと思いますが、叶わないことになりましたので武蔵野市にお願いをしてこのような形になりました。

これといった政変や事件があまり記されていない地方史には、そのときどきの人々の生活が、よく現されているように思います。一つの自治体の行政がどのようになされたかということも、身近に知ることができます。『武蔵野市百年史　記述編Ⅰ』は、中途から手伝いましたが、限りあるスペースに入れるべき事柄を選んで歴史として記していくのは、大変な作業であることを知りました。その歴史を検証する膨大な資料を、編纂室から頂き読み込むのもまた大変な作業でした。それぞれの地方で、それぞれの地方史がこのようにして書かれているということを知りました。

この前史部分は短いものですが、それなりの資料的価値があると思います。地方史を研究される方ばかりでなく、読んでくださるすべての方の一助になることを願っています。

最後に、当時の武蔵野市市史編纂室のみなさま、同僚の成蹊大学の先生方、このたび『武蔵野市史百年史　前史』を出版にするにあたって骨をおってくださったすべての方々に感謝いたします。

二〇一六年七月

植手久美子

目次

【凡　例】

・本著作は、当初、平成一三年に刊行された『武蔵野市百年史　記述編Ⅰ』に収録すべく記述されたものであるが、諸般の事情から割愛された「前史」の部分をまとめたものである。したがって、本書と『武蔵野市百年史』は一続きのものである。ただし、明治一七年ごろから明治二二年ごろまでの間の記述が抜けていることをご了承いただきたい。

・表記は、原則として常用漢字、現代かなづかいによった。ただし、引用文は例外とした。

・本著作の人名、固有名詞における漢字表記は、著者自身の原則にしたがい、実用漢字に含まれている漢字は、正字（旧字）を新字に改めた。

　例　山縣有朋→山県有朋

・年号は、原則として元号を用いた。

・数字は、表と図を除いて漢数字を用いた。

・表と図の番号は、それぞれ章番号、節番号の後に、節ごとの通し番号を記した。

・本著作は、著者の死後に刊行されるため、編集上の確認作業が不可能であり、記述内容における不備もそのままの状態で刊行せざるを得なかった。

・本著作の第五章「武蔵野村の成立」、第六章「甲武鉄道」、第七章「三多摩の東京府移管」は、武蔵野市教育委員会の許諾を得て、『武蔵野市百年史　記述編Ⅰ　明治22年～昭和22年』（武蔵野市、平成一三年九月二〇日刊行）の第一章から第三章を転載したものである。なお、手許に残された著者の原稿と照合のうえ、元原稿に戻した個所もある。

武蔵野市百年史　前史

——武蔵野四か村の成り立ちから三多摩の東京府移管まで——

第一章　武蔵野四か村の成り立ち

はじめに

『武蔵野市百年史記述編Ⅰ』は、明治二二年四月における武蔵野村の成立以後を対象とするが、その前史についてある程度のことをのべておくことは、やはり必要だといってよいだろう。徳川時代から明治の中ごろまでの武蔵野地域のことは、昭和四五年に出版された最初の『武蔵野市史』（以下『市史』という）で、かなりくわしく記述されている。しかも、徳川時代から明治二二年の武蔵野村の成立にいたる時期の資料のうち、現在までにわかっているものは、その当時には刊行はまだはじまったばかりであったが、ほぼすべてが利用できる状態になっていた。そこで、ここでは『市史』を参照しながらできるだけ手短かにのべることにしたい。

武蔵野村を構成することになる吉祥寺、西窪、関前、境という四つの村は、西暦の一七世紀後半、——一六五〇年代末から七〇年代にかけての時期に形成された。四つの村の形成の仕方には、二つないし三つの型がみられる。大別すると、吉祥寺、西窪、関前が一つの型を示し、境村がいま一つの型をなしている。はじめの三つの村の原型は、五日市街道の両側に、道路にそって住居があり、その奥に細長い長方形をした農地が延々とのびるといういわゆる短冊型の集落を形づくっていた。これは三つの村の開発が意識的、計画的になされたということを物語るといってよい。その場合、吉祥寺と西窪という村名は、江戸の寺院名ないし町名に由来するのにたいして、関前という村名は関村（豊島郡、現在は練馬区関町）の前に開発されたということに起源があり、関村など周りに住む人々が開発したという点で、違いがある。

これにたいして、境村の場合には、形成された状況そのものがはっきりとわからないだけではなくて、その集落も計画的、目的意識的につくられたといった型をしていない。その意味で、まえの三つの村とは大きく異なる。ただ、附近に住んでいた農民が中心となって開発したと推定されるかぎりでは、境村は関前村と同じだといってよい。

第一節　吉祥寺村

ここで、それぞれの村について、その形成と発展の経過をかいつまんでみておくことにしよう。吉祥寺村という名称は、よく知られているように、江戸にあった曹洞宗の有名な寺院、吉祥寺の門前町に由来する。明暦三年（一六五七）正月におこった大火は、江戸城の本丸と二の丸を焼失させたため、明暦の大火と称されるが、このとき本郷元町（いまの水道橋の北側）にあった吉祥寺の門前町も焼けた。さらに翌明暦四年正月にも大火があり、こんどは吉祥寺そのものが焼失した。吉祥寺はこのあとに幕府の市街地改良方針にしたがって、駒込にある現在地へ移転したわけである。万治二年（一六五九）になって、幕府は火災後に武士や町人がうつり住んでいた近郊の土地を武家屋敷と定めると同時に、町人には牟礼野（無礼野とも書き、札野ともいう。現在の杉並区大宮前や高井戸から三鷹市や武蔵野市などにかけて拡がる一帯の地域をさす）を代替地として与えるとともに、五年間にわたり扶持米を支給し、かつ家屋建築費を貸与すると令した。

吉祥寺村はこの命令におうじて吉祥寺門前町に関係のあった人々が中心となって開発したものだと考えられている。しかし、その中心となったのが浪人であったかどうかとか、武蔵野の近隣の農民がどの程度参加したのかとか、その地にもともと住人はまったくいなかったのかどうか、といったことはよくわからないというのが正直なところである。

万治二年より五年を経た寛文四年（一六六四）に検地が行われた。この検地は五日市街道の北側と南側とが別々に行われたが、表1－1－1のように北側と南側の反別はそれぞれ百八十四町余と百四十八町余、合計で三百三十三町四反四畝十七歩であった。北側の宮地と寺屋敷（租税のかからない除地《じょち》（「よけち」とも読む））には、のちに八幡神社と安養寺が建てられるが、このときにはまだなにが入るのか決まっていなかった。南側の寺屋敷には東岸寺（のちの月窓寺）八反三畝十歩と光専寺および蓮乗寺それぞれ四反一畝二十歩が入っていた。

石盛《こくもり》（反当たりの標準収穫量をもとにした租税の賦課基準）は屋敷が一石、上畑が四斗、中畑が三斗、下畑（下々畑をふくむ）が二斗であったから、北側は計四百五十一石余、南側は計三百五十九石余で、村高は合計八百十石六斗一升七合であった。村高はけっこう大きいが、個々の土地の石盛はかなり低いといってよかった。たとえば上畑の場合、地味の肥えた土地だと反あたり一石三斗にもなるからである。吉祥寺の新畑がかなり痩せた、耕作上の条件が悪い土地であったことがわかる。上畑・中畑・下畑の割合は表1－1－2のとおりである。

こまかくみると、宮地と寺屋敷とをのぞいて、北側は三十六の区画に、南側は二十五の区画にわかれ、それぞれが道路にそって屋敷があり、道路から離れるにつれて上畑、中畑、下畑、下々畑となるという短冊形をしていた。畑の上・中・下という等級は、その肥沃度というのではなくて、屋敷からの距離を基準として定められていたわけである。

個々の区画の大きさは、一例を示すとたとえば図1－1－1のようになっていた。ただし、上畑と中畑はど

表１－１－１　吉祥寺村反別・石高

寛文4年（1664年）検地

	北　側	南　側
反　別	184町7反5畝25歩	148町6反8畝22歩
石　高	451石3斗8升3合	359石2斗3升4合
上　畑	18，2，9，20（石盛4斗） 73，1，8，6	13，4，2，20（石盛4斗） 53，7，0，6
中　畑	32，5，6，20（〃 3斗） 97，7，0，0	27，0，3，10（〃 3斗） 81，1，0，0
下　畑	130，8，4，25（〃 2斗） 261，6，9，7	105，1，4，22（〃 2斗） 210，2，9，5
屋　敷	1，8，8，00（〃 1石） 18，8，0，0	1，4，1，10（〃 1石） 14，1，3，3
宮地・寺屋敷	1，1，6，20	1，6，6，20
合計　330町6反1畝07歩 810石6斗1升7合 （除地　2町8反3畝10歩）		

出典『市史続史料編』三

表１－１－２　上畑・中畑・下畑の比率 吉祥寺村

	面　積	比　率
上　畑	31町7反2畝10歩	9.69%
中　畑	59，6，0，00	18.21
下　畑	235，9，9，17	72.10
計	327，3，1，27	100

（注）前表から作成

図１－１－１

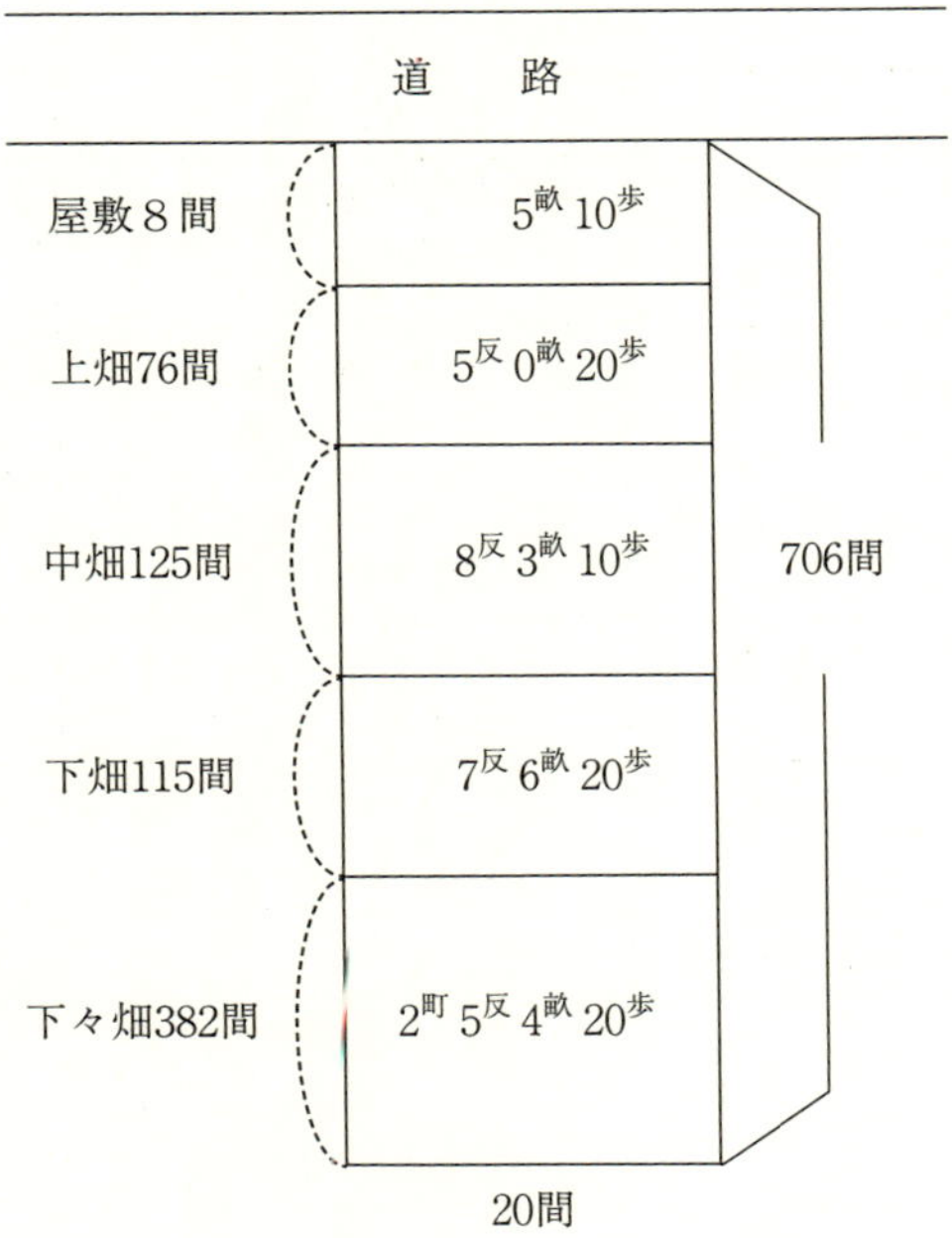

の区画もほとんどが同じ大きさだが、下畑の奥行はかなりまちまちであるし、下々畑となると奥行だけでなく間口もまちまちとなり、二十間のものがむしろ例外であった。道路から離れた地域では、土地の形状に変化が大きかったのであろう。しかし、後述する二、三の例外をのぞくと、ほぼすべての区画が畑は四町六、七反で、屋敷を加えた石高は十二石前後となっていた。

例外となっていたのは、北側では検地の案内人を勤めた十郎左衛門（松井氏の祖先）であり、間口三十五間の屋敷と畑をもっていた。南側ではやはり案内人の新蔵（この家は早くに消滅したとみられている）が間口三十間の土地をもち、また四郎兵衛という農民が畑だけ間口四十間分をもっていた。こうした例外はあるが、新しく計画的に開発された吉祥寺村は西窪村、関前村と同じように、土地の配分についての均分主義ないし均等主義にもとづいて形成されたということができる。

吉祥寺新田（八丁）

寛文四年（一六六四）に吉祥寺村は検地がおわり、独立の村となったが、それから四十年ほど経た元禄一六年（一七〇三）には、五日市街道から離れた、玉川上水沿いの八丁と称される地区（現在の三鷹駅の東北の地）で、吉祥寺新田の検地が行われた。表1－1－3に示したように、面積は三十町七反弱、石高は六十五石弱、石盛は本村と同じであったが、上畑はなかった。

全体が十四の区画に分かれ、うち十区画は屋敷二畝、畑二町歩あまりであり、のこりの四区画は屋敷二十歩、畑一町歩前後であった。狭い区画は周辺の農民が出作《でづくり》していたもので、屋敷二十歩はそのために必要な小屋をおいていた土地と考えられる。

表1－1－3　吉祥寺新田反別・石高

元禄16年（1703年）検地

反　別 石　高	30町 6反 8畝 12歩 64石 5斗 8升 9合
中　畑	1，4，0，12 4，2，1，2
下　畑	29，0，5，10 58，1，0，7
屋　敷	2，2，20 2，2，7，0

出典『市史続史料編』三
（編注）石高計は計算上の数値とした

こうして、吉祥寺村は一八世紀のはじめの時点で、総反別三百六十一町歩二反九畝十九歩、石高八百七十五石二斗三合となっていたが、この数字は明治初年の地租改正のまえまで、ほとんどそのまま維持された。明治五年（一八七二）一一月の日付のある「畑永増税請書」（市史『続資料編三』。畑永[註1]とあるが、畑と屋敷をふくむ）をみると、本村が三百三十町四畝二十四歩[註2]、新田[註3]が三十町六反八畝十二歩、合計三百六十町七反三畝六歩という数字がでている。

註1　畑永の永は、冥加永などという場合と同様、税金をさす。もとは永楽銭からきた言葉で、金一両が永一貫文とされる。

註2　本村の反別が減少しているが、嘉永三年（一八五〇）の村差出明細帳のときにすでに、竿違いとして六反一畝十八歩、石高一石二斗三升二合をさし引くということが書かれている。

註3　通常、享保の新田開発より以前に開発された土地は、享保以後は新田と呼ばれなくなる。吉祥寺新田もそうである。しかし、貢祖関係の文書では明治まで本村と新田が区別して表示されていた。

吉祥寺村の名主については、検地帳やその他の断片的な資料からして、北側では十郎左衛門の家（松井氏）が代々名主をつとめ、南側では新蔵の家（石橋氏）が名主であったが、この家は早い時期に消滅したと考えられてきた。これは必ずしも無稽《むけい》な推定ではない。しかし、事情はもう少し複雑であったようである。

やや新しいものだが、明治三年一一月の日付のある吉祥寺村の名主任命願書と名主についての村民連印の議定書がある。内容がかさなっているので、この二つの文書を参照しつつ、そのいっていることをみていこう。

〈老人の申し伝えるところによると、吉祥寺村には「往古」四名の名主がおり、年番で御用をつとめていた。ところが、病死とか退役によっておいおい名主がへり、やがて一名の「定役」となってしまった。そののち長い年月がたつうちに、名主が増長して気儘となり、いわれもない費用をおびただしく徴収するので、村内がみだれてきた。この結果、弘化元年(一八四四)になって、名主は勘定奉行所によって退役を申しつけられることになった〉

現在、村が代官所へだした文書などによって名主の名前が確認できるのは文政一二年(一八二九)以後であり、その後しばらくの間、十郎左衛門一名だけの名前が断続的にでてくる。もし右の記述が正しいとすると、村の成立後まもない時期には四名の名主の年番であったが、やがて名主が松井氏に固定し、ついに弘化年間にいたって十郎左衛門[註4]が名主をやめさせられたということである。弘化年間以後、後述する慶応年間にいたる間、名主が不在でその名前がでてこないことは、右の記述の正しさを確かめる傍証にはなるであろう。

註4　十郎左衛門は幕末の最終の慶応年間になってから、あらためて年寄をつとめた。なお、藤原音松『武蔵野史』には、松井氏の代々の当主の名前、没年、享年などが初代から敗戦後までにわたって列記してある。明治初年までのものを表示しておく。表1－1－4。

ここではじめの文書にもどろう。弘化元年における名主退任ののち、〈その後任は村内のごたごたでなかなか決まらないため、大吉(松井氏)、勘右衛門(三角氏か)、与之松(本橋氏)、七右衛門(安藤氏)の四名を年寄とし、その年番で御用をつとめるようにしたところ、村政があらたまり、村民一同が安心できるようになった。安政元年（一八五四）になると、大吉と勘右衛門が病死した。勘右衛門の息子は幼少なので、大吉の息子の十八郎を年寄に加えて、年寄三名の年番ということに変わった〉

〈いまから五年まえの慶応二年（一八六六）には、与之松が老齢でおりおり眼病になるから退役したいと申してきた。村役人の数がへると、村にごたごたがおこる原因となるので、村民は相談して、今後は四人の名主が欠けないようにすること、さしあたりはこれまでの三名の年寄を名主とし、新しく三名の年寄を選ぶことを決めて、これを実現した。また、これからは村役人が欠けたときには、ただちに後任を入札するということを連印議定した〉

この慶応二年のときに、もとからの年寄が名主に格上げされたかわりに、十郎左衛門が年寄としてかえり咲くと同時に、八右衛門（池田氏）と兵左衛門（秋山氏）があらたに年寄となったようである。

右の文書の最後はこういう。慶応二年には〈与之松は当番からはずし、二人の名主が隔年につとめるようにしたが、本年（明治三年）一〇月に七右衛門が病死した。そこで、その息子の市蔵（まもなく七右衛門をつぐ）に後任になるよう頼んだが、ひき請けないので、――入札はしていないようである!!――、あらためて名主二名の選挙をしたところ、市蔵と八右衛門が当選した。しかし、二人は未熟だとかなんとかいって、どうしてもひき請けない〉

こうして、村民は二人の名主任命を役所に願いでるとともに、あらためて連印の議定書をつくったわけである。その要点は、名主は四名とし、欠けた場合にはただちに入札によって後任を決めること、御一新の折柄、役

表1－1－4　松井家代々

代数	名　前	没　年	享　年
1	十郎左衛門	延宝 5(1677) 没	
2	伊右門	享保 7(1722) 没	
3	重郎左衛門	延享 3(1746) 没	81歳
4	重郎左衛門	宝暦10(1760) 没	
5	重郎左衛門	明和 9・安永 1(1772) 没	
6	重郎左衛門	天明 8(1788) 没	
7	金左衛門	寛政10(1798) 没	61歳
8	十平	天保 6(1835) 没	73歳
9	十郎左衛門	明治 3(1870) 没	75歳
10	亀之助	明治10(1877) 没	60歳

所は村役人の数を抑制しようとするが、右の点は「押して」願いでること、当選した人間がひき請けないときには役所に訴えること、名主を年番とし、交代のさいには年番の年寄と百姓代がたちあい、諸帳面を精算したのちにひきわたすこと、などであった。

吉祥寺村の村役人の顔ぶれについては、ここでは右にふれたぐらいでじゅうぶんだとしておこう。それにしても、資料をみていると、御多分に洩れず、吉祥寺村の村民も村役人の専横な振舞いにたいして、過敏と思われるほど敏感であったことがわかる。それと同時に、幕末の農民が役職者の複数制、年番制、さらには入札制という制度の問題に、けっこう関心と理解をもっていたことに私は驚かされた。

最後に、吉祥寺村の戸数と人口の動向をみておこう。表1－1－5が示すように、一八世紀の半ばから一九世紀のはじめにかけての時期については、数字がまったくな

表1－1－5　吉祥寺村戸数人口表

	戸数	人口	男	女
寛文 4(1664)	61戸(外寺3)			
宝暦 4(1754)	61 (外寺4)	(新田除く)		
文政10(1827)	178			
弘化 3(1846)	188 (外寺4)	944人 (外僧2)	489人	455人
嘉永 3(1850)	174 (外寺4)	934 (外僧4、道心1)	474	460
安政 2(1855)	175 (外寺4)	968	485	483
元治 1(1864)	178 (外寺4)	1,028		
慶応 2(1866)	183	1,034	514	520
明治 1(1868)	183 (外寺4)	1,031	520	511
明治 3(1870)	182 (外寺4)	1,062	533	529
明治 5(1872)	182 (外寺4)	1,093		
明治 8(1875)	204	1,115	572	543
明治18(1885)	222	1,261	628	633
明治20(1887)	218	1,341		

出典『市史』・『市史資料編』・『市史続史料編』三・「明治18年庶務文書」

い。しかし、村ができてからほぼ百年くらいたったのちのこの時期の間に、戸数とおそらく人口もかなり急速に増加した。一九世紀の前半はいずれかといえば停滞を示しているが、明治維新前後から戸数と人口は増勢に転じたとみてよいだろう。

第二節　西窪村

西窪村（西久保とも書く）という名称は江戸の芝にあった西久保城山町の百姓が移住してきたことに由来する。西久保城山町は愛宕山の西の窪地にあったが（そのため西窪とも書いたという）、慶安三年（一六五〇）の火災のあと、幕府が道路を拡げるとともに、肥前島原藩主高力摂津守に屋敷を与えたために、百姓の土地が減少した。ところが、明暦三年（一六五七）正月の大火のあとに、さらに旗本の北条右近大夫に屋敷が与えられたために、困窮した百姓は代替地が下付されるようたびたび奉行所へ嘆願していたという。

寛文二年（一六六二）になって、願いがかなって実現したのが西窪村である。そのさい、名主に七両、ほか十名の百姓におのおの五両、計五十七両が、翌年から五か年賦で返却するという条件で貸し与えられた。その二年後の寛文四年に、吉祥寺村と同時に検地をうけるが、このときの記録では、寺地・宮地の五反六畝二十歩（五十間かける三十四間）をのぞいて、表１－２－１のように畑・屋敷八十五町五反余、石高二百十一石弱であった。石盛は吉祥寺村と変わりがなく、上畑・中畑・下畑の割合もほぼ同じであった。

検地の名請人は十六名で、それぞれの農民が五日市街道の両側に土地をもち、道路ぞいに屋敷、その奥に順次上畑・中畑・下畑をもつ点も、吉祥寺村などと同じであった。他の農民の屋敷がすべて五畝十歩（二十間かける

表１－２－１西窪村反別・石高

寛文4年（1664年）検地

反　別 石　高	85町 5反 3畝 28歩 210石 9斗 9升 2合
上　畑	8，8，3，05 35，3，2，6
中　畑	15，2，1，02 45，6，3，2
下　畑	60，6，1，21 121，2，3，4
屋　敷	8，8，00 8，8，0，0
寺地・宮地	5，6，20 除地

出典『市史資料編』

八間）であるのにたいして、名主の久左衛門が八畝の屋敷地をもつ点も、他の村々にみられるのと変わりがない。ただ、その屋敷は間口がほかの農民と同じ二十間で、奥行だけが十二間と広くなっていた。これと関係するわけだが、名主をふくめて畑の広さにはそれほどの差異がなく、石高は十一石九斗八升八合から十二石七升九合三勺の間におさまっていた。武蔵野台地の新田村を特色づける均分主義が徹底した形であらわれた例といってよいだろう。

西窪村の場合には、村が狭く、家数もすくなかったためであろうか、名主やその他の村役人をめぐって争いがおこったという形跡がない。当初の名主久左衛門の子孫が紋左衛門（井野氏）を名乗って代々名主をつとめた（久左衛門の名前はその後は分家の当主がつぐことになる）。ただ、慶応三年（一八六七）に名主として覚之加（覚之助か）の名前がでているが、これが井野氏かどうかは確認されていない。組頭ないし年寄も代々、権左衛門、吉右衛門（これは最初だけ）、伝兵衛、郷左衛門と名乗る人々がつとめており、他の名前はまったくでてこない。

戸数と人口の増加の傾向をみると表１－２－２のようになる。村ができてから一世紀くらい過ぎた一八世紀の後半には、戸数が当初の三倍以上に増加している。しかし、その後は戸数も人口も停滞することになり、再び

表１－２－２　西窪村戸数人口表

	戸数	人口	男	女
寛文 4(1664)年	16戸	人	人	人
元禄11(1698)	18 (外寺2)			
宝暦10(1760)	49 (外寺1)			
安永 8(1779)	57	267	139	128
寛政 2(1790)	56	268	135	133
文化 3(1806)	58	254		
文政10(1827)	49			
弘化 4(1847)	47	281		
嘉永 2(1849)	47	270		
安政 3(1856)	47	268		
明治 3(1870)	44	292		
明治5(1872)	43 (外寺1)	280		
明治18(1885)	50	353 (人口と男女別が合わない)	175	176
明治20(1887)	58	363		

出典『市史』・『市史資料編』・「明治18年庶務文書」

増勢が強くなるのは明治維新後、つまり一九世紀の後期に入ってからである。

第三節　関前村

関前村という名称は、さきにもふれたように関村の前に開発されたということに由来しており、当初には関村前新田などといわれることもあったという。豊島郡関村の土豪的農民八郎右衛門（井口氏）は、おりからの幕府の新田開発政策を背景として、寛文九年（一六六九）に札野（無礼野）の開発計画をたてたといわれる。札野というのは無礼野一帯の原野が将軍家の茅の採集所となっていて、茅の刈りとりを禁止する制札が立っていたためである。

こうして翌寛文一〇年になると、幕府の勘定頭（のちの勘定奉行）の許可をうけて、八郎右衛門は息子の杢右衛門、同村の喜兵衛、高井戸村の九郎兵衛らとともに、大宮前（現在は杉並区）、無礼前、連雀新田前（ともに現在は三鷹市）、および関前という四つの請負新田の開発にこぎつける（新田とは新しく開発された土地のことで、水田だけでなく、畑や屋敷もふくまれる）。このとき屋敷割をうけたのは、大宮前が六十、無礼前が八、連雀新田前が五十四、関前が二十六であった。

関前村の場合には、宮寺地一軒分をのぞく二十五区画のうち、一区画は今村源内という武士が、のこりの二十四区画は農民が割りあてをうけた。そのうちわけは関村のものが十八、上保谷村のものが四、田中村が一、江戸牛込が一となっており、関村の杢右衛門が名主をつとめることになっていた。武士が土地の割りあてをうけるの

表１－３－１　関前村（本村）反別・石高

寛文12年（1672年）検地

反　別 石　高	65町6反4畝03歩 239石0斗4升7合
屋　敷	1，2，5，22（石盛10.斗） 12，5，7，3
上　畑	6，7，6，26（〃 6斗） 40，6，1，2
中　畑	13，0，1，21（〃 4斗） （市史続史料編六は，13，0，1，11だが，その原資料の内訳を計算しなおして，13，0，1，21とした。） 52，0，6，8
下　畑	44，5，9，24（〃 3斗） 133，7，9，4
除地	屋敷 3反3畝10歩（20間×50間）延命寺 屋敷 1，8，10（11間×50間）宮地

出典『『市史続史料編』六

は、利殖が目的であったようであり、大宮前の場合には、勘定方や代官所の関係者を中心として、二十区画が武士に割りふられていた。

それから二年後の寛文一二年（一六七二）に検地が行われた。検地帳の表紙は「武州多摩郡関村前札野新田検地水帳」となっているが、これによると表１－３－１のように、関前新田の畑・屋敷の反別は六十五町六反四畝三歩、村高は二百三十九石四升七合であり、石盛は屋敷が一石、上畑が六斗、中畑が四斗、下畑が三斗となっている。屋敷は吉祥寺、西窪と変わりがなかったが、畑は上畑が二斗、中畑が一斗、下畑が一斗ずつ高くなっている。近隣の農民の請負新田という形で形成されたことが関係しているのであろう。

個々の農民の土地所有の状況をみると、五日市街道の両側に屋敷と畑が短冊形に並ぶという点では吉祥寺、西窪と変わりがないが、街道から離れるにつれて間口がかなり変化し、したがって面積にもけっこう大小があるという点では、吉祥寺などとちがっていた。

名請人は延命寺をのぞいて二十二名である。そのうち、名主の杢右衛門の屋敷だけ七畝二十二歩とやや広くなっており、他は五畝十歩または五畝となっているが、喜兵衛と金右衛門の二人は二軒分をもっている（ただし、畑は二軒分というわけでもなさそうである）。畑の広さにもけっこうばらつきがある。表1－3－2は『市史』にある土地所有状況と出身村別を示した表である。西窪村と比べると、均分主義にたつとはいいにくいが、ここでは均分主義の限界的状況を表すものだとしておこう。

註　畑の広さにばらつきがあることは、まだ近隣の関村とか上保谷村に本拠をおき、出作地《でさくち》として、ないしは将来子弟に分与するために、関前に土地をもっているものがいるということと関係があるだろう。

関前新田

享保元年（一七一六）に就任した八代将軍徳川吉宗による享保の改革では、新田を開発して貢租の増徴をはかることが重要な政策の一つとなっていた。この新田開発は武蔵野台地でもかなり強力に推進されるのであり、多くの新田村がこのときに開発された。もっとも、これは必ずしもスムーズに進行したわけではない。幕府の奨励にもかかわらず、当初は新田に出作する農民がそれほど集まらなかった。やがて家作料、一軒につき金二両二分

表1－3－2　関村前農民の土地所有の階層的構成とその出身村別人数表

寛文12年（1672年）5月

階層区分	名請人数	出身村別人数		
		関　村	上保谷	不明
40反～50反	7(2)	5(2)		2
30～40	1	1		
20～30	8(1)	4	3(1)	1
10～20	6	2	1	3
合計	22(3)	12(2)	4(1)	6

（注1）延命寺は除く
（注2）（　）内数字は「案内」の人数

出典『市史』
（編注）関村前は、開発当初の関前村の呼び方である。

や、農具料、一反開墾につき銭六百二十四分の支給とか、夫食《ふじき》（食糧）の貸与などがなされるようになるが、農民は開発にともなう年貢を払うのが難しく、年貢を表1－3－3のように減額することによって、ようやく開発が軌道にのったという。

関前新田の開発は本村（この新田の開発以後には新田と呼ばれることがなくなったわけだが）の南西の地区で享保九年（一七二四）ころからはじめられ、翌一〇年には開発の計画規模が四十九町歩余に拡大した。それから十一年後の元文元年（一七三六）に有名な大岡越前守忠相による検地が行われるが、それによると、表1－3－4のように畑・屋敷の総反別は四十三町七反四畝三歩、石高は百九十五石六斗五升三合であった。畑の種別はこれまでみてきた本村の場合よりはるかにこまかくわかれているが、関前村の石盛（前述したように吉祥寺村や西窪村よりも高くなっていた）と比べると、新田の中畑が本村の上畑に、新田の下畑が本村の中畑と同じになっていた。ただ、屋敷だけは石盛九斗、その一部は七斗と低くなっていた。

名請人は全部で四十二人と多かった。その所有する土地は当然に狭くなっており、最低で一反二十四歩、最高で三町三反一畝、平均一町四畝であった。石高では最低が五斗七升二合で、最高が十五石八斗、平均で四石六斗五升八合であった。屋敷だけをみると、十二名が屋敷をもたず、のこりの三十名も最高が二畝三歩、最低が二十四歩で、平均(三十人の)が四十四・四歩である。これでは大部分の土地が出作に必要な小屋ができる程度であり、新田の半分以上の土地が出作地であったことを推測させる。

これを確認するいくつかの事実がある。その一つは、名請人のなかに本村の人が十六人いることである。そのうち九人は新田に屋敷をもっていない。また、この十六人は階層的にはいろいろの人があり、本村と新田をあわせて六町歩前後になる農民が二人いる一方には、あわせて一町二、三反という農民が四人いる。その二は、延享三年(一七四六)の新田の村差出帳に、家数十七軒とあることである。このときには新田の土地所有者がなん人になっていたかわからないが、十七軒以外は出作者であったとみてよいだろう。

第三は、宝暦一一年(一七六一)に関前新田が提出した出百姓の書上げ帳である。これには、関前村二十人、西窪村四人、関村三人、計二十七人の名前と、それぞれがなん年前から出作しているかが書かれている。表1－3－5はその内容を表にしたものである。これをみると、新田の土地を出作している人がかなりいたことがわかると同時に、耕作農民の交代も結構あったことが明らかになる(市史『続資料編六』)。

表1－3－3　武蔵野新田開発期年貢反当り貢租

地　目	享保12年（1727年）	享保13年（1728年）	享保14年（1729年）	享保15年（1730年）
田	反永20文	米6升	6升	6升
畑	20	28文	28文	16文
松　林	20	25	25	12
芝　地	20	20	20	12
屋　敷	20	28	28	18

出典『市史』

関前村の名主は開発を請負った関村の八郎右衛門の息子杢右衛門の子孫が代々世襲した。その子孫は、杢右衛門の孫の代から忠左衛門と名乗り(この初代の忠左衛門が居を本村から新田に移した)、関前新田もあわせて支配していた。

しかし、新田の開発から数十年を経た安永年間(一七七二－八〇)になると、井口氏の世襲支配に反対する動きがおこり、井口氏の嗣子《しし》が若いのに乗じて、新田をふくむ関前村を上下二組にわけることが実現する。安永七年のことである。反対運動の原因は必ずしもはっきりと特定はできないが、村民は関前開発の礼として、井口氏に毎年麦、粟の初穂をさしだしたり、農耕の人足を提供したりする習慣となっていたというから、そうした状況に反発したのであろう。

この結果、関前村全体が

上組　高一七七石二斗五升七合

下組　高二五六石八斗八升五合

の二組にわけられ(両組とも本村と新田にまたがっていた)、それぞれが名主以下の村役人をもち、名主の職務は上組が毎月一日から一二日まで、

表1－3－4　関前新田反別・石高

元文元年（1736年）検地

反　別 石　高	43町7反4畝03歩 195石6斗5升3合
中　畑	8，1，3，03(石盛6斗) 48，7，8，6
中下畑	14，8，4，09(〃 5斗) 74，2，1，5
下　畑	14，0，7，27(〃 4斗) 56，3，1，6
林　畑	3，9，5，15(〃 2斗) 7，9，1，0
野　畑	2，2，8，27(〃 2斗) 4，5，7，8
屋　敷	3，7，00　家下庭構 3，3，3，00(石盛9斗)
屋　敷	7，12　雑事畑 5，1，8(石盛7斗)

出典『市史続史料編』六

下組が一三日以後月末まで輪番で行うことと決められた。忠左衛門は上組に属し、その後明治初年までその名主を世襲し、下組は定右衛門（保谷氏）が代々名主をつとめるが、両組の石高の差が示すように、忠左衛門の勢威はかなりおとろえていくことは間違いない。

関前村の戸数と人口の増加の動向をみると、表1－3－6のようになる。徳川時代の前期と中期の数字はほとんどわからない。その後期に入る一九世紀になると幾らか数字があるが、その世紀前半は戸数、人口ともほぼ停滞状況にあり、明治に入ってのち増勢に転じるとみてよいだろう。

表１－３－５　関前新田　出百姓人数

継続期間	関前村	西窪村	関村	合計
30年以上	4人	3人	2人	9人
20年以上30年未満	5	1	0	6
10年以上20年未満	7	0	1	8
10年未満	4	0	0	4
合　計	20	4	3	27

出典『市史資料編』

表１－３－６　関前村・関前新田戸数人口表

	本村				新田			
	戸数	人口	男	女	戸数	人口	男	女
延享 3(1746)年	戸	人	人	人	17戸	85人	47人	38人
文化 6(1809)	38(外寺1)	182	90	92	34	150	73	77
文政 4(1821)	36(外寺1)	181	100	81	34	136	74	62
天保14(1843)	38	173	91	82	36	127	66	61
元治 1(1864)	40	184	91	93				

本村・新田とも

	戸数	人口	男	女
明治 5(1872)年	65	334		
明治18(1885)	72	421	197	224
明治20(1887)	75	433		

出典『市史』・『市史資料編』・『市史続史料編』四・「明治18年庶務文書」

第四節　境村

境村の場合には、いままでみてきた三つの村ほどその形成の事情がよくわからないし、その集落も形態が不定型であり、時の経過につれて徐々に生成してきたものだと考えられる。

元文元年（一七三六）に境新田村（のちの本村をさす）の名主兵助およびその弟兵蔵と彼らの檀那寺であった上保谷村の宝光院との間で訴訟がおこった。そのさいに兵助・兵蔵が提出した返答書によると、境新田村は彼らの祖父である上保谷村の三右衛門が出雲国松江藩主の松平出羽守の下屋敷のあとを開発することを願いでたのにはじまる。野村彦大夫が代官のときに検地をうけたところ、石高が二十一石余であった（野村は寛文四年＝一六六四＝に吉祥寺村、西窪村が検地をうけたときの代官である）。その後にだんだん開発がすすみ、延宝六年（一六七八）には石高一百二十三石余となり、さらに享保一八年（一七三三）には二百九十五石余に増加した。

三右衛門は自己の墓地をつくり、その婿養子の兵右衛門（江戸の出身という）はその土地を江戸鮫ケ橋の禅宗の寺院龍谷寺へ寄進し、そこに観音院（現存）ができた。父兵右衛門の遺言にしたがい、兵蔵が檀那寺を観音院にうつそうとするのを、宝光院が認めないということが、訴訟がおこった主な原因であったわけである。

三代将軍徳川家光が寵愛していた松江藩主松平出羽守直政に武蔵野で鷹場を与えたという記録もあり、いまの杵築神社（出雲大社＝杵築大社を祀ったものである）のあたりに松平家の屋敷があったことはたしかなことのようである。右の文書では、そのあとを上保谷村の農民が開発したのが境村だということになる。最初に検地をうけた時期ははっきりとしないが、吉祥寺村や西窪村にすこし遅れる程度の年代だろうと考えられている。

杵築神社とともに境村の氏神であった稲荷社の棟札には、これとは異なる記録が書かれている。それによると、慶安年間（一六四八－五一）に、この地に十二町四方の松平出羽守の屋敷があり、そのなかに杵築社と稲荷社の両社が祀ってあった。ところが、それから三十年後の貞享年間（一六八四－七）に、その地は上地となって幕府の直轄領となった。そのさいに、屋敷を預かってきた家臣の境本《きょうもと》締馬《ちま》大夫《たいふ》がこの地にとどまり、その開発を願いでて実現したのが境村だというのである。

この記録にしたがうと、境という地名は境本という姓にちなんだものだということになる。また、境では秋本（秋元）、猿渡、清本（清元）、平野、小林、新倉の六氏が六人衆と呼ばれてきたというが、その中の清本は境本に由来するということになる。

この二つの記録については、それぞれが相接する二つの地区のなりたちを伝えており、両者が一か村にまとまって境村ができあがったのだという説がある。それ以外にも、境村は杵築社を中心とする今の中央線の南側の地区と、天王社を中心とする中央線の北側の地区と、西神社を中心とし、西多摩郡の檜原村の出身者からなる境五丁目の地区、という三つの部分によって構成されているといった説もある。

それはいずれにせよ、最初の兵助、兵蔵の文書にでていた二百九十五石余という石高が、享保の末、つまり一

表1－4－1　境村（本村）反別・石高

天保14年（1843年）検地

反　別 石　高	90町6反8畝01歩 295石8斗4升7合
上　畑	1町2反1畝25歩（石盛 7斗）
中　畑	2，5，3，07（〃 5斗）
中下畑	1，0，7，24（〃 5斗）
下　畑	9，3，4，24（〃 4斗）
下々畑	75，5，4，06（〃 3斗）
屋　敷	2，5，25（〃 10斗）
上畑屋敷成	9，29（〃 7斗）
中畑屋敷成	4，19（〃 5斗）
下畑屋敷成	6，15（〃 4斗）
下々畑屋敷成	4，9，07（〃 3斗）

出典『市史資料編』

七三〇年ころから明治初年の地租改正までつづいていたことはたしかである。ややのちのものしかのこっていないが、天保一四年（一八四三）の年貢割付状では境村（本村）の石高二百九十五石八斗四升七合、反別九十町六反八畝一歩となっている。そのうちわけをみると表1－4－1のようになる。

個人の土地所有の状況を示すような資料はなにもないようである。

これとは別に元文元年（一七三六）には、さきにみた関前新田と同時に、境新田五十九町三反二畝三歩、村高二百二石七合の検地が行われた。武蔵野台地の八十三か村にたいする大岡忠相の検地の一環である。位置は本村の西北にあたり、一部は玉川上水の北部にまでひろがっており、関前新田の西側といってよい。その反別のうちわけをみるために、寛保三年（一七四三）と天保一四年の年貢割付状の数字を表にしたのが表1－4－2である。後者もわざわざのせたのは、屋敷化がどの程度すすんでいるかを知るためである。個々の農民の土地の所有状況を示す資料は、本村の場合と同じように、明治以前のものはまったくのこっていない。

表1－4－2　境新田反別・石高

	寛保3年（1743年）	天保14年（1843年）	
反別 石高	59町3反2畝00歩 202石0斗0升7合	59町3反2畝00歩 202石0斗0升7合	
中畑	1町9反7畝09歩	1町9反0畝14歩	（石盛6斗）
中下畑	3，5，3，27	3，5，2，27	（〃 5斗）
下畑	31，1，0，18	30，9，9，11	（〃 4斗）
林畑	11，5，9，00	11，5，5，00	（〃 2斗）
野畑	10，7，3，12	10，6，0，06	（〃 2斗）
屋敷	3，7，27	3，7，24	（〃 9斗）
	（合計反別は原資料のとおり）	中畑屋敷成　6，25	（〃 6斗）
		中下畑屋敷成　1，00	（〃 5斗）
		下畑屋敷成　1，1，07	（〃 4斗）
		林畑屋敷成　4，00	（〃 2斗）
		野畑屋敷成　1，3，06	（〃 2斗）

出典『市史資料編』

境村では、新田の側から分村するか、一村を二組にわけて、村役人を併立させようという動きが一八世紀末からでてくるが、これは実現されずにおわった。したがって、村役人の組織は新田をふくめて終始一つであり、名主も一人であったようである。

当初の名主には、はじめにのべた、上保谷村からうつってきた三右衛門の子孫（下田氏）が代々ついていたと考えられている。明和九年（一七七二）になると――これが村役人をめぐる村内のいざこざを示す、のこっているなかでもっとも古い資料だが――兵助（まえの兵助と同一人かその子孫であるかはわからない）が隠居し、その子の宇之松があとをつごうとしたとき、反対がおこったため、となりの上連雀村の名主権三郎が調停に入り、どうにか宇之松が名主となった、という記録がある。下田氏の世襲といっても、すくなくともこの時期には村民の承認をうけなければ名主になれなくなっていた、ということがわかる。

それから十六、七年たった寛政元年（一七八九）には、村役人をめぐって本村と新田のあいだに争いがおこる。これよりさき、名主兵治郎は罪をえて江戸構えに処されたため、長百姓が役目を代行してきたが、本村がわはあらたに長百姓政右衛門（氏は不明）を名主としようとしたが、新田がわは応じようとしなかった。おそらくこのいさかいの最中のことであろう。新田がわは家数がふえたこと、検地帳も年貢割付状も本村と別になっていることを理由として、分村を願いでた（八月）。これがタクティックスであったかどうかわからないが、今度も連雀村の名主権三郎の調停で妥協がなり、新田がわが政右衛門の名主就任を認めるかわりに、新田から年寄を一名だすことが決められた（一〇月。年寄は三名となった）。

しかし、その後も名主ないし本村と新田とのいざこざはたえなかった。名主政右衛門およびその息子が年貢の金を使いこんだので、初回は一両、二回目は七両たて替えたが、名主が返さないという訴訟が新田の年寄斧右衛門と佐七（ともに平野氏）がだしている。これは文政一二年（一八二九）になって元利とも十両が返却されて落着するが、この年には本村の年寄・百姓と新田の年寄斧右衛門が他を役職に不向きだ、ないし不正をしているといった非難を代官所に提出している。

その後、天保八年（一八三七）には、名主岡右衛門（政右衛門の子孫かどうか不明）が不正を働いたかどで退職し、息子熊次郎が名主とされるが、そのさいに親類の二名が、吉祥寺村の名主十郎左衛門を証人にたてて、不正のあ

表１－４－３　境村（新田を含む）戸数人口表

	戸　数	人　口	男	女
安永 3(1774)年	99戸	476人	251人	225人
文政10(1827)	123			
文政12(1829)	128			
文久 1(1861)	123(外寺1)	635	330	305
本村	88(外寺1)	461	240	221
新田	35	174	90	84
明治 3(1870)	125	652	321	331
本村	90	459	228	231
新田	35	193	93	100
明治 5(1872)	126	681		
明治 8(1875)	127	692	349	343
明治18(1885)	144	807	397	410
明治20(1887)	142	856		

出典『市史』・『市史資料編』・『市史続史料編』一・「明治18年庶務文書」

った場合の補償用に畑二町歩弱を提供するという出来事があった。封建時代の農村といえば、何か牧歌的な世界のように思うのは、ロマン主義者の錯覚にすぎない。

もちろん、いざこざは本村と新田との間だけにあったわけではない。嘉永五年（一八五二）には、斧右衛門の死後に息子の伝兵衛が年寄をつごうとするのにたいして、親類の佐七が異議をだしてもめるといった事件がおこっていた。

ここで、境村の戸数と人口の増加の動向をみておこう。境村の場合には、徳川時代における数字がほとんどわからない。表１－４－３はわかっている数字を表にしたものである。これだけではほとんどなにもいえないが、明治維新後に戸数と人口の増加傾向がはっきりとでてくるということは確認してよいだろう。

第五節　同姓の分布

『武蔵野市史』は、明治四年の戸籍法によって明治五年につくられた最初の戸籍、いわゆる壬申戸籍をもとにしたと考えられるいくつかの興味深い調査をのせている。

その一つがここで紹介する、四つの村それぞれに同姓の家がどれだけあるかを調べた表である。表1－5－1（4表アリ）がそれである。

一つの村に住む姓が同じ家々が一つの同族集団をつくっていたとは限らないようであるし、住んでいる村が異なる同姓の家々がどういう関係にあったかということも一概にはいえないらしい。また、同姓の家が多い氏は古くから住んでいるものだとか、社会的な勢力が大きかったといったことも、簡単にはいえない。その実態は今となっては調査することがほとんど不可能となった。

しかし、明治五年という封建時代がおわった直後の段階において、それぞれの村がどのような姓の家々の、どのような数の集合体として構成されていたかということは、これだけでもそれなりに面白いし、近隣の地域における同様の調査がすすめば、さらにいろいろのことがわかってくるはずである。

たとえば、『保谷市史』（近現代一七ページ）は、保谷における上保谷地区と下保谷地区は、姓という点でもそれ

表1－5－1

(1) 明治5年　吉祥寺村同姓家数

同姓家数	氏　数	内　訳
15	1	田中
10	2	小美濃・山崎
8	2	本橋・安藤
7	1	富岡
6	2	荒井・佐藤
5	3	藤野・中田・松井
4	7	石川・三角・河田・小林・杉田・池田・高橋
3	10	宮崎・春山・鈴木・茂木（茂手木を含む）・竹内・桜井・秋山・近藤・田辺・平沼
2	9	須田・小俣・美濃部・岡部・並木・松本・矢嶋・井上・台
1	21	倉田・篠崎・二見・手川・栗原・中村・酒井・森田・梶間・清水・二村・吉田・栗本・大石・窪田・井口・野口・橋本・斉藤・岸野・芳永
計	58	
家数合計	182	
他寺院	4	

出典『市史』

(2) 明治5年　西窪村同姓家数

同姓家数	氏　数	内　訳
12	1	榎本
5	1	桜井
4	2	井野・下田
3	2	井口・田中
2	3	小川・岡田・平井
1	6	上杉・相川・利根・横山・庄井・平川
計	15	
家数合計	43	
他寺院	1	皆遵

出典『市史』

(3) 明治5年　関前村同姓家数

同姓家数	氏　数	内訳
10	1	桜井
7	1	榎本
6	1	中村
5	4	田中・井口・秋元・岩崎
3	2	大坂・保谷
2	4	市川・坂本・伊藤・名古屋
1	8	小沢・高橋・貫井・浦野・大戸・渡辺・土方・柳田
計	21	
家数合計	65	

出典『市史』

(4) 明治5年　境村同姓家数

同姓家数	氏　数	内訳
16	1	高橋
11	1	清本
10	3	小林・吉野・大矢
8	1	後藤
7	1	舟木
6	2	下田・谷合
5	3	平野・秋本・新倉
3	1	猿渡
2	8	行橋・土屋・竹内・天田・花坂・宮崎・長谷・大谷
1	7	田中・桜井・峯岸・中川・今井・関口・増田
計	28	
家数合計	125	

出典『市史』

ほど親縁さがないとして、両地区に多い姓をつぎのように列挙している。

上保谷－保谷、下田、岩崎、桜井、野口、中村

下保谷－蓮見、高田、本橋、岡村、加藤、高橋、柏木、増田

残念ながら上保谷新田の地区には触れられていないが、この姓の中には武蔵野地域のある部分でみられる姓が多くある反面、まったくみられない姓もある。こうした調査がすすめば、村々のなりたちにたいしてなにほどかの照光が与えられることになるだろう。

第二章　農民の生活とその変化

第一節　農業生産の状況

いうまでもなく、徳川時代における武蔵野四か村は純粋の農村地帯であった。幕末になると、農業以外の生業に従事する村民がすこしずつでてくるようになるが、それでも農業からまったくきり離された生活を送る村民は、ほとんどいなかったはずである。

しかし、四か村にはもともと水田はなく、耕地はすべて畑であった。その農業生産のようすを示す資料は断片的な形で残っているにすぎないが、その作物は大麦、小麦といった麦類のほかに、ひえ、あわ、きび、菜種、えごま、そば、大豆、小豆などの雑穀類が広く栽培され、陸稲もすでにある程度つくられていたようである。野菜としては、さと芋、村の成立からしばらくのちよりさつま芋というようにいも類がさかんに生産され、その他では大根、うり、なす、菜っ葉などがつくられていた。幕末になると、特産物としてのうどの栽培や茶、養蚕なども行われるようになった。

このように、農作物は少しずつ種類が拡大してきたが、その畑は農業生産に適した地味のよいものではなかった。その土地は武蔵野台地に共通したいわゆる関東ローム層という火山灰地に属し、赤褐色の粘土状化した微粒子からなりたっており、雨が降ると水がたまり、逆に雨が降らないと乾燥してしまうものであった。

地味がよくなかったため、農作物をつくるのに多量の肥料が必要であった。延享三年（一七四六）に関前新田が提出した村差出帳は、のこっているなかではもっとも古いものだが、それには畑一反歩について、下肥四駄、馬糞四駄、灰二俵が必要であり、まきつけのさいにぬかを用いる場合には、下肥一駄のかわりにぬか四斗ずつを使うと書かれている。一世紀ちかくのちの天保一四年（一八四三）に同新田がだした村明細書上帳には、量は書かれていないが、ぬか、灰、下肥、馬糞とともに、干鰯《ほしか》、〆粕《しめかす》があげられている。

これらの肥料は、干鰯や〆粕はいうまでもなく、ぬかや灰も金銭をだして購入していたのであり、一八世紀にはそれを売買する市場がすでに江戸にできていた。人糞や馬糞も江戸の武家や町家から対価を払って仕入れていた。幕末最終の慶応三年（一八六七）のものだが、吉祥寺村のだした「下掃除場所書上帳」が残っている。これには、百姓のだれが、どの家から、どれだけの対価を払って人糞と馬糞を得ているかが、こまかく書かれている。対価について二、三の例をあげると、家中某、一人一年につき、なす百、干大根百本ずつ、家中某、馬一匹につき一日銭六文ずつ、家主某長屋十三軒、一年金五両、といった具合である。この肥料代が、お上にだす租税とともに、農民が現金を必要とした二つの大きな費目であったといってよいだろう。

土地が痩せていたので、肥料をたくさん投入し生産コストがかかったが、収穫はそれほどよくはなかった。このため、農民は広い畑をもたないと生活ができなかった。もっとも古く開発された吉祥寺村や西窪で、一戸あたり五町歩近くの畑が割りあてられたいたのは、理由があったわけである。それでも、最初に入植した農民の子孫がひきつづいて農耕に従事していたとはかぎらない。土地の保有者の変動はけっこうあったのではないかと推測される。病気やその他で働き手をうしなえば、すぐにも破滅の危険がおそってくる。それに天災が追いうちをかける。

　こうした困難は新田の場合にはいっそう大きかった。新田は本村よりも一戸当たりの耕地がはるかに狭かったうえに、あとから開発されただけそれだけ耕地の整備がすすんでいなかったからである。享保の新田開発からそれほどたっていない元文三－四年（一七三八－九）には大凶作にみまわれ、武蔵野台地のうえの新田村が荒廃の危機にたったことは、有名な事実である。このときには、押立村（現在は府中市）の名主川崎平右衛門（一六九四－一七六七年）が幕府の新田世話役（元文四＝一七三九年）、次いで新田村代官（寛保三＝一七四三年）となり、新田立直し策を実行して、かろうじてこの危機をのりきった。しかし、新田の窮迫した状況はその後もずっとつづいた。

　本村も新田も貧しく、関前村・同新田のだす明細帳にはいつも「当村の儀、野土にて困窮村に御座候」と書かれている[註]。それでも、武蔵野四か村でも、すでにみたように、時が経過するにつれて戸数と人口が少しずつふえていった。働きにでる場所がほとんどないから、子供が生まれればそうなってくるのであろう。

註　関前を例にあげたのは、他の村とはちがって、明細帳がたくさんのこっているからであって、関前だけが特別だったといおうとしているわけではない。また、辞書をみると、野土《のづち》は腐葉土などをふくむ肥沃な黒い土とでているが、もちろん明細帳はこの逆の意味で使っている。

そうなれば、一面では労働力がふえ、農業生産がより充実する結果をもたらしたであろう。しかし、それは土地を細分化させることによって、窮乏した農民の生活を継続させ、さらにすすめばむしろ悪化させることになるだろう。人口は増加しても、土地はほぼ固定しているからである。

農民層の階層分化といわれる動向がこれにつけ加わる。これは農業生産、特に農業における商品生産の発展につれて、一面では土地を集積して経営基盤を拡大しようとするものがでてくると同時に、反面では土地をうしなっていく農民がでてくることである。武蔵野四か村では、水田がなく、土地の生産力が低かったため、この階層分化の傾向がそれほど強くはあらわれなかったように考えられるが、それでも幕末のころには、一方では十町歩前後の土地をもつものがでてくる反面、他方には土地をほとんどもたない村民が堆積した。

武蔵野四か村における土地の所有状況の変化については、関前の場合いくらか資料がのこっているが、そこでは戸数よりも土地所有者の数がはるかに多いという数字がでており、読むのがけっこうむつかしい。そのため、土地所有状況の変化については、第三章でのべる明治五、六年の状況をみて貰うことにして、徳川時代における関前の変化についてはふれないことにする。また、幕末における貧民のことについては、吉祥寺村を例として、この章の第6節でふれることにする。註

註　幕末、明治初年になると、吉祥寺村における農業生産の状況がある程度具体的にわかるようになる。これについては『武蔵野市百年史　記述編Ⅰ』第七章でふれた。

第二節　租税

武蔵野地域の四か村は一貫して幕府の直轄領であり、直接には代官または郡代の支配をうけた（郡代は代官より格が上で、通常より広い地域を管轄した、という違いがあるだけである）。ここで、村民が幕府に納めさせられた租税についてみておくことにしよう（次節でのべる村入用のなかみも、ほとんどが幕府にたいする税金、ないしそれにかかわるものである）。

いうまでもなく、徳川時代における租税の中心であったのは、耕地と敷地にかけられる貢租であり、これが本年貢とか本途物成といわれていた。水田のない武蔵野地域では、これはすべて金納であり、農民が貨幣ないし現物で納める租税の九割以上、九割五分ちかくを占めていた。

まずはじめに、以前に各村ごとに別々にのべた土地の石盛をまとめてみておこう。

表２－２－１は二つの新田村をふくむ六か村の屋敷、および畑の等級別の石盛である。これをみると、第一に、吉祥寺や西窪のように、江戸における火災の罹災者に替え地として与えられた村々の場合には、石盛がかなり低く設定されていたということがわかる。これを逆にいうと、近隣の農民が自発的に開発したと考えられる関前や境の場合には、開発の時期は吉祥寺や西窪からそれほど遅れていないが、石盛はかなり高いといってよい。

表２－２－１　武蔵野四か村の石盛

	吉祥寺・西窪	関前	関前新田	境	境新田	(参考)徳川幕府の標準石盛	
上　畑	4斗	6斗	斗	7斗	斗	上田	15斗
中　畑	3	4	6	5	6	中田	13
中下畑			5	5	5	下田	11
下　畑	2	3	4	4	4	上畑	13
下々畑				3		中畑	11
林　畑			2		2	下畑	9
野　畑			2		2	屋敷	13
屋　敷	10	10	9 7	10	9		

出典『市史資料編』から作成。参考『市史』

さらに、享保の新田開発政策によって開発された関前新田や境新田などは、屋敷の石盛は低く設定され、上畑はないにもかかわらず、中畑などの石盛はかなり高く設定されていることがわかる。このことは、吉祥寺や西窪と関前新田や境新田を比較した場合、同じ石高であれば、前者の農民のほうが後者の農民よりもより広い土地ないしより等級のよい畑をもち、より裕福であった、ということだといいなおしてもよいだろう。一般的に寒村であった武蔵野台地の村々のなかでも、新田と呼ばれる村々が過酷な条件のもとにあったことは、この一事からも想像できるだろう。

もっとも、新田のできる以前から、畑や敷地の貢租の額は、石高の何パーセントという形で決める（厘取り法――厘付取――ともいう）のでは

表２－２－２　吉祥寺村など三か村反あたり貢租額

	吉祥寺村		関前村		境　村	
	嘉永3年（1850年）		嘉永4年（1851年）		嘉永4年（1851年）	
	本村	新田	本村	新田	本村	新田
上　畑	永62文5		永65文0		永73文5	
中　畑	55，9	永55文9	57，0	永26文0	64，5	永23文0
中下畑				25，0		22，8
下　畑	44，1	44，1	51，0	24，0	48，5	21，8
下々畑			42，5		41，8	
林　畑				17，0		15，8
野　畑				15，3		14，1
屋敷成	124，4 ～81，8	81，8	134，0	33，0	100，0	25，8
屋　敷	124，4	81，8	134，0	33，0	198，5	25，8

出典『市史資料編』・『市史続史料編』三・「市史続史料編五」

なくて、土地の種類・等級におうじて反あたりいくらという形できめる（反取り法という）やり方がとられていた。そうであるからこそ、新田の土地に本田よりもかなり高い石盛を設定することができたともみられる。

私たちは嘉永三年の吉祥寺村、嘉永四年の関前村、同新田、境村、同新田における土地の種類、等級別の反あたり貢租額を知ることができる。表２－２－２はそれを表にしたものである（吉祥寺村については嘉永三年の村差出明細帳によって、かろうじてこの数字がわかる。他の村はこれにあわせて、嘉永四年の数字をとったが、西窪村の場合にはまったくわからない。なお、吉祥寺村の場合、年貢関係の文書では、明治に入ったのちまでも本田と新田がわけて書かれているが、違いは屋敷の反あたり税額だけである）。

また、表2－2－3は、寛保三年（一七四三）以降の四つの年における境新田の同様の数字である。それぞれの土地の貢租額がそれほど変動していないことがわかるので、参考のため『市史』から転載した。

まず、三つの村の本村をみると、上畑では反あたり貢租額が境、関前、吉祥寺の順となっており、これは石盛と比例しているが、屋敷では石盛は同じでも、貢租額は境、関前、吉祥寺の順で低くなり、けっこう差がある。下畑では境と関前の間で石盛と貢租額が逆になっている。このように個別的にみると、石盛りと貢租額は必ずしも比例していないが、全般的にみて、吉祥寺の貢租額が低いというかぎりでは、石盛の低さと関係があるといってよいかもしれない。

つぎに、二つの村の新田をくらべてみると、石盛はまったく同じだが、反あたり貢租額は関前のほうが境よりすこしずつ高く、本村相互の場合とは逆となっている。実際の地味におうじて差をつけたのであろうか。

最後に、三つの本村と二つの新田とをくらべてみると、新田の反あたり貢租額は屋敷でもすべての等級の畑でも、最高でも本村の二分の一以下であり、屋敷のように単位あたりの貢租額の高い土地では、四分の一以下となっている。幕府は貢租を増大するために、新田を開発させ、その石盛を本村よりも高く設定したが、実際には本村よりもはるかに低い貢租額しか収納できなかったわけである。

こういうと、新田は石盛は高かったが、別に不利益をうけたわけでないと思う人がいるかもしれないが、いまのべたのは本年貢のことだけである。たしかに、農民のだす租税のなかで本年貢は圧倒的な比重を占めてはいた。しかし、高掛《たかがか》り物《もの》（後述する）は名称の示すように石高にかけられたし、助郷による人馬徴発の基準となる助郷高

表2－2－3境新田反あたり貢租額

	寛保3年（1743年）	延享2年（1745年）	天保14年（1843年）	嘉永4年（1851年）
中　畑	永23文0	永25文0	永23文0	永23文0
中下畑	22，0	24，0	22，8	22，8
下　畑	20，0	23，0	21，8	21，8
林　畑	15，0	16，0	15，8	15，8
野　畑	12，0	13，0	13，8	14，1
屋　敷	30，0	30，0	25，8	25，8

出典『市史資料編』

も石高と無関係ではなかった。したがって、石高が高ければ、明らかにそれなりに負担が大きくなるという不利益をうけた。

それでは、その当時農民が納めていた租税には、どのようなものがあり、どのような額が、どのように納められていたのであろうか。はじめに、関前村を例にとって、租税全体のおよその変遷をみておこう（市史『続資料編五』の解説を参照）。

（一）関前村では年貢について享保七年（一七二二）までが検見制、翌八年から定免制となる。ただ、幕末の天保一四年（一八四三）から慶応元年（一八六五）まで、ふたたび検見制とされるが、実質はそれ以前とまったく変わらない（これは天保改革の一環として年貢増徴が企てられたが、老中水野忠邦の失脚によって、増徴は実現されずに終わったことと関連がある）。（二）元禄一二年（一六九九）から享保一八年（一七三三）まで、小物成《こものなり》としてえごまと大豆の現物納が行われたことがあるが、原則として租税は金納であった。（三）享保六年（一七二一）から御伝馬宿入用、六尺給米、御蔵前入用の高掛り三役がはじまる。ただし、関前本村は天明四年（一七八四）より助郷のために

嘉永四年一〇月　亥御年貢可納割附之事（本村）

亥御年貢可納割附之事

武州多摩郡
関前村

検見取
一高百三拾八石四斗八升九合
　此反別六拾五町四反五畝拾五歩　皆畑

此訳
高四拾石六斗壱升弐合
　上畑六町七反六畝廿六歩　六　反永五拾七文
高五拾弐石六升八合
　中畑拾三町壱畝廿壱歩　四　反永五拾壱文
高七拾八石七斗五升七合
　下畑弐拾六町弐反五畝七歩　三
内
　弐拾六町弐反弐畝廿弐歩　反永五拾壱文
　弐畝拾五歩　卯屋敷成　反永百三拾四文
高五拾四石四斗七升九合
　下々畑拾八町壱反五畝廿九歩　三
内
　拾八町壱反四畝廿九歩　亥免上　反永四拾弐分五文

あとの二つは免除となった。

境の本村は助郷のため御伝馬宿入用と六尺給米が免除されていたというように、内容がすこし変わる場合もあり、時期もすこしずれる場合があるかもしれないが、関前村の例は他の三か村にもほぼあてはまるとみてよいだろう。

別記するのは、嘉永四年における関前村（本村）の年貢割付状と年貢皆済目録である。これを使って、租税についてのおよその仕組みをみておこう。この当時、毎年一〇月に代官所は村に年貢割付状を送ってくる。これには一年分の租税とその金額が記されており、一二月一〇日までに納めるようにと書いてある。村はこれにしたがって年貢内割帳をつくって税金を村民に分賦し、村民から徴収した税金をまとめて代官所へ納めていたわけである。ただし、実際の仕事は年末に一度にやられたのではなく、六月と九月と一二月にわけてなされていた。こう

壱畝歩　　卯屋敷成
　　　　　　反永百三拾四文
高拾弐石五斗七升三合
　屋敷壱町弐反五畝廿弐歩　　十
　　　　　　反永百三拾四文
取永三拾四貫六百四拾壱文六分
　内永九拾文七分　　免上
　　　　　　　　去戌増
　　外
一米壱斗四升三合　　御伝馬宿入用
　米　　　　　　　　六尺給米
一　　助郷ニ付免除
　永　　　　　　　　御蔵前入用
　米壱斗四升三合
納合
　永三拾四貫六百四拾壱文六分
右は当亥検見見取箇書面之通相極条、村中大小之百姓入作
之もの迄不残立会無申乙割合之、来ル極月十日限急度可令
皆済もの也
（割印）嘉永四亥年十月　　勝田次郎㊞
　　　　　　　　　　　右村　名主
　　　　　　　　　　　　　　組頭
　　　　　　　　　　　　　　惣百姓

して税金が完納されると、代官所は翌年一月に村にたいして年貢皆済目録を発行し（これには割付状にないものもでてくる）、その年の納税がおわるということになる。

　二つの文書について順番に必要な説明を加えておこう。御伝馬宿入用は五街道の宿駅の費用であり、六尺給米は江戸城の台所で働く男の使用人、六尺をだすかわりに支払うもの、御蔵前入用は江戸浅草にあった米蔵の費用であった。この三つは石高にかけられるため高掛《たかがか》り三役《さんやく》と呼ばれ、御蔵前入用以外はいちおう米で表示されたが、実際は貨幣に換算して支払われた。関前本村が定《じょう》助郷であるため六尺給米と御蔵前入用の二つが免除されていたことは前述したとおりである（関前と境の新田はともに三つすべてをかけられていた）。

　皆済目録へ移ろう。口永《くちえい》は本税の付加税で三パーセントがいちように賦課された。斗立《はかりだ》て（計立てとも書く）

嘉永五年正月　亥皆済目録（本村）

武州多摩郡
関前村

亥皆済目録

高弐百三拾八石四斗八升九合
一永三拾四貫六百四拾壱文六分　本途
一永壱貫三拾九文弐分　口永
一米壱斗四升三合　御伝馬宿入用
　斗立壱斗五升壱合
　　米三拾五石ニ付
　代永百八拾五文五分　但　金四拾三両替
一六尺給
　御蔵前入用　助郷ニ付免除
一大豆
一菜種　助郷ニ付申ゟ巳迄拾ケ年免除
　　辰ゟ丑迄弐拾弐ケ年賦
一永百七拾弐文　飢夫食代拝借返納
納合永三拾六貫三拾八文三分
　外永三拾文　包分銀
一籾六斗弐升六合　貯穀廿分一御下穀
一永壱貫百八拾九文六分　川々国役
（割印）

は一種の付加税を加えた実際の税額をいう。米一俵三斗五升に実際は三斗七升入れさせられたのに由来する。金納の場合も、税額に三十五分の三十七をかけた額を支払い、この租税の実額を斗立てといった。

大豆と菜種の免除のことは皆済目録だけにでてくる。助郷関係の文書をみると、天明八年（一七八八）に近隣の十七か村とともに、高百石につき大豆二斗、菜種一斗の高掛りの免除を願いでて許されたとあるから、そのいくらか前に設定された税であろうか。夫食《ぶじき》代拝借返納はもちろん税ではないが、ここにでてくる。包分銀《つつみぶぎん》（包歩銀）も一種の付加税である。川々国役も皆済目録だけにでてくるが、これは幕府が直轄で行う利根川などの改修の費用である。

いままでは、関前村の本村だけをみてきたが、新田も加えると、嘉永四年分の総額は永五十貫百九十二文九分であった。これが上組と下組をあわせた七十数

都合永三拾七貫弐百五拾七文九分
右は去亥御年貢本途・小物成・高掛物其外とも書面之通令
皆済ニ付、小手形引上一紙目録相渡上は、重而小手形差出
候とも可為反古もの也
　嘉永五子年正月
　　　　　　　　　勝　次郎㊞
　　　　　　　　　　　右村
　　　　　　　　　　　　名　主
　　　　　　　　　　　　組　頭
　　　　　　　　　　　　百姓代

戸、三百人強の関前の村民が金納していた租税である（念のためにいうと、租税は組みわけとは関係なく、最後まで本村と新田とがわけて課税されていた）。

右にみた関前村の例では租税の種類がすこししかでてこないので、同じ嘉永四年の境村（新田をふくむ）の年貢皆済目録の内容を表にしてみると、表2－2－4のようになる。芝草銭は下草銭ともいわれるもので、ここでは玉川上水の堤の草を刈りとって使用する代償である（吉祥寺村は幕府所有の井の頭御林の下草銭をだしていた）。醤油造り冥加永《みょうがえい》は醤油醸造者（この場合は一名）にかけられる税金であり、こうした税金も本年貢といっしょに、村が納入していたことがわかる。

嘉永四年における戸数と人口は正確にはわからないが、境村では約百二十戸、六百人の村民が五十八貫余の租税を支払っていた。さきにみたように、関前村の場合は、七十数戸、三百人余の村民が五十貫余の租税を払っていた。しかし、村高一石あたりの税額をみると、関前が永百十五・六一文、境が永百二十四・七五文であり、一戸あたりの税額の場合とは逆転して、境のほうが高くなる。こうした徳川時代における租税の金額がどの程度高かったかということは、村民が農業やその他からどの程度の収入をえていたかということがまったくわからない

ので、解答がだせないというほかない。[註]

註　嘉永三年の吉祥寺村の場合、さきにみた反あたり貢租額にそれぞれの土地の面積をかけると永百七十五貫文余となる。これに口永に当たる三パーセントを加えると、土地の貢租額（本年具）だけで永百八十貫文余となる。参考のために示しておく。

助郷

幕府にたいして貨幣または農産物の形で納める租税（農産物の形で納めたものが、ある時期にいくらかあったことは確かである）のほかに、農民が負担する必要があるものがあった。その主なものは助郷《すけごう》と鷹場の負担である。ここでは、ごく簡単にこの二つにふれておくことにする。

いうまでもなく、助郷とは五街道の宿駅が常備する人足と馬では不足する場合に、人足と馬を提供する義務を負った村々、および提供される人馬の課役をいう。この助郷の起源は必ずしもはっきりとはしないが、元禄のころ、つまり一七世紀のおわりには、大部分の宿場で助郷が定まっていたと考えられている。

武蔵野四か村についてみると、宝永二年（一七〇五）に吉祥寺村、西窪村、関前村が甲州街道の上高井戸、下高井戸の宿（上下二つの宿で一つの宿場を構成した）の当分助郷となったのが、記録上の最初である。三か村はその後

表２－２－４　境村（新田を含む）租税

嘉永四年（1851年）

1	本途	永52貫272文7分
2	玉川上水縁芝草銭	永144文5分4厘
3	醤油造冥加永	永167文
4	口永	永 1貫577文5分
5	御伝馬宿入用	米2斗9升9合 代永388文2分
6	六尺給米	米4斗0升4合 代永524文6分
7	御蔵前入用	永505文
8	飢夫食代拝借返納	永255文8分
	合計	永55貫835文3分4厘

ほかに

1	包分銀	永46文5分
2	貯穀1/20御下げ穀	籾1石5斗4升0号7勺5才
3	川々国役	永2貫183文3分
	総計	永58貫365文1分4厘

出典『市史資料編』
（編注）総計が合わない

享保九年（一七二四）にも同じ村々とともに当分助郷となり、やがて定助郷に指定されたとみられている。

境村の場合には、いつから加えられたのかははっきりとはしないが、安永元年（一七七二）に甲州街道の内藤新宿が再置され、上下高井戸宿の助郷村が三十五か村に減少するが、ややのちの記録では境村も定助郷としてこの三十五のなかの一村であったことがわかる。

村々が助郷として必要な人馬を提供する割合を決める基準となるのが、その村の助郷高である。この助郷高が吉祥寺村は八百七十四石、西窪村は二百十石で、村高にちかい額となっているが、関前村は二百三十八石、境村は二百九十五石で、ともに本村の石高に準じた額となっている。逆にいえば、関前新田と境新田とは助郷役を課されていなかったわけである。

ところで、甲州街道は東海道はもちろん、中山道とくらべても、交通がすくなかった。享保九年（一七二四）に甲府城が幕府の直轄となってのちは、勤番のために往復する幕臣を別とすると、参勤交代に利用する藩は、信濃の高島（諏訪）、高遠、飯田の三つにすぎなかった。そのかぎりでは、それほど助郷の応援を必要としないといえるかもしれない。

しかし、上下高井戸は貧しく、とくに安永元年に内藤新宿が再置されたのちはさびれて、人足二十五人、馬二十五匹という甲州街道の宿場の定額を維持することができなかった。このことが、一面では宿場と助郷の村々との間、さらには助郷の村々相互の間に争論をまきおこすが、他面では助郷の村々にたいして課役の量を大きくするという結果をもたらした。

表2－2－5　関前村助郷の人馬と費用

	人足	費用	馬	費用	うち無駄骨	
					人足	馬
天保 3年（1832年）	331人	82貫 748文	17匹	8貫 500文	11人	0匹
天保 4年（1833年）	331	82，748	25	12，500	12	0
天保10年（1839年）	122	30，500	1	500	39	0
天保11年（1840年）	291	72，748	15	7，500	39	2
天保12年（1841年）	269	67，248	5	2，500	38	0

出典『市史資料編』四

宿場に用意された人馬を利用する場合、幕臣や大名などは幕府の朱印状や証文で認められている数については無賃であり、それを超えた数については道中奉行の決めた御定《おさだめ》賃銭を支払ったが、この御定賃銭は相対相場よりはかなり低く、時がくだるにつれてその差はますます開いていった。宿場と助郷の関係でいえば、無賃のものは宿場常備の人馬からうめていく例であったが、助郷の人馬が無賃の仕事をすることもあった。

しかし、助郷の場合には、村から宿場までの出張費はでないし、宿場までわざわざいっても無駄骨のこともある。このため、天保年間の関前村では御定賃銭をうけるかどうか、無駄骨であるかどうかにかかわりなく、人足一人、一日二百四十八文、馬一匹五百文を村が村入用からだしていた（宿場へ人足をだす場合、名主などが惣代としてつきそっていく例であったが、この日当は遠方のため人馬のかわりに金をだすことになっていた二村の費用でまかなわれていた）。

天保年間に関前村（忠左衛門組と定右衛門組の両方をふくむ）がどれだけの人馬を徴発されていたか、それにたいして村がどれだけの費用を負担していたかが、市史『続資料編四』にでているので、表にすると表2

－２－５のようになる。通常、幕末、維新当時には助郷が飛躍的に増加すると考えられているが、これでみると天保年間もけっこう多かったことがわかる（明治元年における忠左衛門組の助郷人足の数は三百二十二人だから、約二倍といった程度である。つぎの「村入用」の節参照）。また、この表でみるかぎり、無駄骨となった人足の数がかなりあったようである。村々から宿場へ人馬を集めるだけでずいぶん時間がかかるはずだから、これくらいの無駄はやむをえなかったのであろうか。

註　文化・文政のころ、つまり一九世紀のはじめの二、三十年間、関前村の忠左衛門組は、下高井戸宿の年寄（ないし名主）を証人として、同宿の一人ないし二人の人間にたいし、年間金二両二分で、助郷の高百九石の人馬を請負わせる契約をしていた。金一両は銭六貫七百文くらいのはずだから、どう計算しても銭二十貫文以下である。表２－２－５でみた天保年間の例とくらべると、こちらは忠左衛門組だけの分だが、それにしても費用がごくすくない。助郷に徴発される人馬の数がはるかにすくなかったのであろうか。

幕末の動乱につれて、国内の交通は一層頻繁となり、助郷役も増大した。それにともない臨時の助郷も加わった。文久元年（一八六一）には和宮の婚礼にあたり武蔵野四か村は中山道の板橋宿へ人馬をだした。また、慶応元年には将軍徳川家茂の京都行きにさいして関前と境が品川宿の増助郷《ましすけごう》を命じられ、人足の雇賃を負担する。さらに翌慶応二年に関前は川崎宿の臨時助郷を命じられるが、これは歎願の結果まもなく免除された。一方、吉祥寺村は慶応元年五月に千駄ケ谷の焔硝蔵《えんしょうぐら》の警備に人足を命じられて、こちらへ人足をだしたために助郷は免除となった。

維新の変革をへたのち、吉祥寺村と関前村は明治二年に内藤新宿の助郷にきりかえられた。他の二か村もそうなった可能性があるが、よくわからない。ともあれ、明治五年には助郷の制度そのものが廃止され、村々は助郷の負担から解放された。

鷹場の負担

これ以外に、農民は幕府にたいして鷹場の負担を負っていた。鷹狩りをする鷹場（鷹野）に指定されたことにともなう負担である。[註] 徳川時代の初期、武蔵野四か村は尾張徳川家の鷹場であったが、第五代将軍徳川綱吉の時代に生類憐みの令との関係で、鷹狩りは禁止された。第八代将軍吉宗の代に鷹狩りが復活するとともに、四か村は幕府の鷹場とされ、関前村以外はかねて田安家と一橋家の鷹場（狩り場）となった。これによって、農民はさまざまの負担をしいられた。

註　隣の三鷹市の名称は野方領、府中領、世田谷領という三領の鷹場からなる、ということに由来する。領は筋などと同じく、村々にかかわる一種の地域区分であった。武蔵野四か村は野方領に属した。

その一つは、鷹場を管理するために巡回する代官の配下の鳥見役を応接する費用である。この鳥見役は土地の開墾、家の普請や農間渡世などを監視するいわばスパイの役割ももっていたようであるが、応接費には宿泊費、賄費や土産費がふくまれていた。

二つ目は、実際に鷹狩りが行われ、将軍がくる場合、あらかじめ道路や橋などを整備して、危険がないようにし、当日には必要な人足をだすことが強制される。

第三は、鷹野役所をとおして上納される品々であり、鷹の餌となる〈鳥のための〉虫類のほかに、杉の葉（蚊やり用）、桃の葉（風呂用）、枯れ松葉（庭用、庭に敷く）、松虫、鈴虫（納涼用）などがふくまれる。

四つ目は、むしろ消極的にしてはならないことだが、狩り場は農民にとっては禁猟区であるから、鳥や魚（魚は鳥の餌となるためだ）をとることが禁止されるだけでなく、穀物の収穫期にかかしを立てるのにも許可が必要となる。これもかなりの負担である。

こうした負担のうち、たとえば人夫とか、虫類、木の葉類のように金で調達できるものは、村が村入用から支出するわけだが、弘化二年（一八四五）の吉祥寺村の場合には、鷹場関係の費用が銭十一貫三百文余で、村入用の総額銭百五十二貫八百文余のうちの七・五パーセントを占めていた。金額はしれているかもしれないが、松虫、鈴虫や松の枯れ葉など精選されたものが要求されたから、けっこう気苦労がかかったし、それを江戸までわざわざもっていくのも、たのしいことではなかったであろう。

第三節　村入用

村民が負担するものに、幕府にたいする租税のほかに村入用《むらにゅうよう》と呼ばれるものがあった。現代風にいえば、前者が国税であるのにたいして、これは村税といってよいかもしれない。ただ村税といっても、その内容をみると、自治体としての村の経費といえるものはほとんどなく、行政の末端機構としての村の経費が大部分を占めている。もっとも、明治以後敗戦までにいたる時期の町村の経費の内容も、これとそれほど変わりがなかったとも考えられる。しかし、それはともあれ、この村入用が時期がくだるにつれて増加し、ばかにならない金額となったために、その賦課の仕方が村役人をめぐる紛争の重要な原因となったわけである。

村入用（入目《いりめ》）については、一年分をいくつかの費目にわけて集計し、その合計をだすとともに村高一石あたりの金額を記し、村民全部が連印を押して、代官所（明治二年以後は品川県）へ提出した村入用帳がいくらかのこっている。また、支出のたびに件名と金額を記した村入用当座附立帳という、そのもとになった記録も、ごく一部だが吉祥寺と関前のものが、市史『続資料編三』『続資料編四』にでている。

ここでは、関前村、同新田の忠左衛門組（上組）の村入用帳が文久三年（一八六三）から明治二年（一八六九）までの間の六年分がのこっているので、まず、それからみていくことにしよう。表2－3－1はそれぞれ年の合

表2－3－1　関前村・同新田　忠左衛門組　村入用

石高162石2斗1升7合

	合計（長銭）	1石あたり	1両につき
文久3年（1863年）	40貫021文	貫266文8分0厘	6貫800文
元治1年（1864年）	48，509	323，4，0	6，800
慶応1年（1865年）	55，241	368，2，0	6，800
慶応3年（1867年）	166，817	1，112，1，0	10，000
明治1年（1868年）	128，688	857，9，2	12，000
	185，472	（1，841，8，2）	
明治2年（1869年）	125，185	834，5，6	10，000
	44，673	（　443，6，2）	

出典『市史資料編』四

（編注）1，関前村，同新田の忠左衛門組（上組）の村入用についての表である。

2，村入用帳は九六銭法で記し，最後の合計のあとに，百文即百文という普通の計算法による数字（長銭）を書いている。

3，名主忠左衛門の石高12石余は村入用免除となっているので1石あたりの金額は石高を150石として計算されている。

4，明治1年と明治2年の数字は助郷の費用だけ別にだし，助郷高100石7斗で割った1石あたりの金額がついているので，そのまま2つにわけて記した。

計、村高一石あたりの村入用の金額、およびもとの表で使われている金一両あたりの銭の金額である。明治元年、二年の表では、助郷の費用だけわけて書かれ、助郷高一石あたりの金額が付記されているので、ここでも二段にわけて表示した。

これをみると、幕末の最終の慶応三年と明治元年に、村入用が急激に膨張していることがわかる。銭でいうと、慶応三年は慶応元年の三倍に、明治元年は慶応三年の一・九倍弱となっている（もっとも、金貨にたいする銭の比価がだいぶさがっているので金貨で表示すると倍率はかなりさがることになる）。しかし、明治二年はすでに慶応三年の水準にほぼおさまっている。

それでは、村入用はなぜこのように急激に膨張したのであろうか。ここで慶応三年と明治元年の村入用のなかみをみてみることにしよう。表２－３－２と表２－３－３は二つの年の村入用帳の内容を表にして、必要な注釈をつけ加えたものである。

まず、慶応三年の村入用をみてみよう。１から10まで、および16、17は以前からあったものである（15の一部もここへ入るはずのものである）。そのなかでは、６と10のいろいろの宗教者への布施、障害者、もの乞い、浪人への喜捨は他とやや性格が異なるが、のこりはほぼすべてが末端の行政機構としての村の費用であるといってよい。もちろん、このなかには自治体としての村の費用と考えられるものがいくぶんはふくまれているかもしれないが、はっきりそういえるものはない[註]。名主と常使《じょうづかい》（常勤の走り使い）の給料が両で表示されているのは忠左衛門組のやり方で、吉祥寺村では銭で書いてある。

表２－３－２　慶応３年（1867年）村入用

	金　額	関前村・同新田　忠左衛門組
1	銭　貫537文	中野村触次ぎ給料、水夫出方費用
2	3，400	杉の葉、桃の葉　買上代
3	4，800	御天馬触当て、そのほか夜中御用等年間ロウソク代
4	4，748	飛脚賃村負担分、当村への飛脚賃
5	7，500	御用向および村用による村役人の出張、会合費
6	5，972	宗教者、障害者、もの乞い、浪人への喜捨金
7	8，000	3季年貢納め、宗門帳納め出府費
8	900	3季の年貢取り立て費
9	3，800	筆、墨、紙代
10	280	上布田（現在は調布市）安楽寺虚無僧穀代
11	15，000	田無村寄場組合村分担分
12	66，348	兵賦代
13	9，120	安井御殿役人村方通行賄、滝野川反射炉役人仙川筋見分賄
14	10，700	鳥猟調・鳥猟鑑札下付の費用、鳥猟冥加金
15	2，648	角筈村における旗本の調練につき人足費 四木書上げ、農間渡世書上費
16	金1両 （この銭10貫文）	常使《じょうつかい》給料
17	金2両 （この銭20貫文）	名主給料
銭 計173貫765文 この長銭166貫817文		

表2－3－3　明治元年（1868年）村入用

	金　額	関前村・同新田　忠左衛門組
1	銭12貫800文	夜中御用状持送り・御天馬触手当てなどのローソク代
2	9，762	紙、筆、墨代
3	2，848	飛脚賃、飛脚賃村負担分
4	15，648	御用向き・村用による村役人の出張、会合費 4月まで寄場費用負担分
5	18，000	3季年貢納め、宗門帳納など出府費
6	3，000	3季年貢取立て費
7	12，000	鳥猟冥加永、同上納費
8	7，200	5月中、品川宿へ兵食米につき出張費
9	4，872	宗教者、障害者、浪人など喜捨
10	金2両 （この銭24貫文）	常使給料
11	金2両 （この銭24貫文）	名主給料
12	193，200	甲州街道　上下高井戸宿へ定助郷人馬出向費 人足322人、1人あて600文

註　たとえば、道路の普請などは村民が労働力を提供して行ったから、村入用帳にはでてこない。少し大規模になる場合には、関係の村々へ勧化帳(奉加帳)をまわして寄付をあおいだようである。おそらく吉祥寺村内の五日市街道の修繕をしたときのことであろう。砂利を沢山入れる必要があるとして、安政五年(一八五八)八月に吉祥寺村の池田屋由右衛門、材木屋金太郎、篭屋利七、西窪村の岡田屋長兵衛の四人が世話人となり、吉祥寺村の年寄七右衛門が副書きした「道普請勧化帳」をつくり、「上郷御村々」(吉祥寺村五日市寄りの村々をさすと考えておく)へまわしたことがある(市史『続資料編三』)。

11の寄場組合の費用は、右のなかでは名主給料についで大きく、この時期に急激に膨張していた(文久三年は一貫五百、元治元年は五貫五百、慶応元年は七貫八百であった)。幕府は文化二年(一八〇五)にあらたに関東取締出《で》役《やく》をおき、直轄領、旗本領、大名領、寺社領がいり組んでいて取締りがむつかしい関八州の治安の維持と風俗の取締りにあたらせた。この俗称八州廻りはその目的を遂行するために文政一〇年(一八二七)に関東一円に組合村をつくった。これは領主に関係なく近隣の村約四十を組合わせたもので、その中心となる村が寄場といわれた。関前村と境村は田無村を寄場とする組合に、吉祥寺村と西窪村は上布田の組合に属した。

この寄場組合村はやがて行政の中間機構としての性格をおび、文書の触れつぎや農間渡世の調査などにあたるようになるが、その主な役割は無籍者やならずものを取締ったり、犯罪人を逮捕・押送したりすることであった。したがって、寄場組合の村分担金が急激に膨張したということは、それだけ治安が悪化し、風俗が乱れてきたということであったといってよい。

1は鷹場関係の触れつぎやその他の費用である。これ以外は説明の必要がないであろう。

次に、12から14をみよう。その主なものは幕府の軍制改革にかかわるものだが、はじめにそれ以外のものをみておこう。15のなかの四木書上げ――四木は茶、桑、漆《うるし》、楮《こうぞ》であり、商業的農業の重要作物であった――と、農間渡世の書上げはむしろ他へ分類するべきものであろう。14はこの年から鷹場が廃止され、村民が猟を許可されたのにともなう費用である。ついでにいえば、従来は2に鷹用餌となる〈鳥用の〉虫類がでていたが、それは鈴虫や松の葉(これらは風情を楽しむためのものといってよい)などと一緒にこの年から廃止された。

これ以外の新規のものはすべて軍制改革とかかわるものである。最大で六十六貫余に上る12の兵賦《へいぶ》代と表示したものは、文久元年(一八六一)に幕府がだした兵賦令にかかわる。これは当初は旗本にたいし石高におうじて人をださせ(通常は知行地の農民がだされたという)、銃隊を組織しようとしたものであったが、慶応元年(一八六五)からは、幕府領の村々から村高千石について一人をださせ、長州再征のために歩、騎、砲の三兵が出陣したあとの警備にあたらせようとした。この警備兵に忠左衛門組から一人の農民が徴発されたものであろう。村入目帳の説明文をそのまま引用すると「兵賦代。五郎給料、并に同人え合力金。且つ右一条に付、御役所え惣代度々出府、所々寄合入用」である(この兵賦は、慶応三年になって、村高百石につき金三両の代金納が認められることになった)。

13の安井御殿であるが、滝野川村（現在は東京都北区）の反射炉は、元治元年（一八六四）に建設がきめられた大砲鋳造の施設である。近くの王子川（石神井川）に水車をもうけて動力源とする計画であった。その川の水量を増すために、千川用水を利用しようとして、川筋の見分がなされたわけである。15の調練については説明の必要はないだろう。

明治元年（一八六八）の村入用帳に眼を転じよう。徳川幕府の倒壊によって幕府の軍制改革にともなう負担や江戸城御殿への杉の葉、桃の葉などの献上はおわった。しかし、年貢の納入や文書のうけ渡しの費用はほぼそのまま存続している。新政府側の軍事行動と直接にかかわる品川宿への出張費という新しいものがでているが、それはそれほどの金額にはなっていない。政権の交代は村とその上部機関（代官－武蔵知県事）との関係に、さしあたりほとんど変化をもたらさなかったようにみえる。

負担の増大はもとからある助郷の費用の飛躍的な増加によってひきおこされた。幕末の動乱による交通の拡大にともなって、関前村の助郷役もかなり増大していたのではないかと推測されるが、なぜか忠左衛門組の村入用帳にはその費用がでていなかった。ところが、明治元年には忠左衛門組は上下高井戸宿へ三百二十二人の人夫をだし、一人について六百文の補給金をだしている（馬代は書いていないから馬は徴発されなかったのであろう）。これはその他の村入用の総額の一・四倍にあたる金額である。しかし、明治二年の助郷の負担金は銭四十四貫余だから、大きな負担は一年だけでおわったのであろう（明治二年には関前村は内藤新宿の助郷となっているが、新宿ではもとから宿が独自に人馬を工面し、助郷は助郷高におうじて金銭を負担する仕組みとなっていた）。

最後に明治二年三月に関前村忠左衛門組の農民がつくった名主給、定使給についての議定書にふれておくことにする。その内容は、近年諸物価が高騰する一方で、御用向および助郷関係の仕事が増加している。名主の給料をすこし上げるくらいではすまないので、今後春と秋に軒別に二人ずつを農業用の人足として名主に提供する。定使いには給料を金一両増すほかに、麦と粟を軒別に二升ずつ提供する、というものである。この議定書がどのような経過でできたかはわからない。署名、連印しているのは二十三人だが、同じ月につくられた明治元年村入用帳には、名主と延命寺のほかに二十七人が連印している。四人で定使いを分担していたとも考えにくいが、何人か減っている理由もよくわからない。しかし、それはともあれ、こうした名主と小前《こまえ》との関係が、その後まもなく起こる門訴事件の背景となっていたことはたしかであろう。

第四節　農民の余業

村が代官へ提出する村差出帳には、農民が直接の耕作以外に従事する仕事、いわば農民の余業が書かれている。延享三年（一七四六）に関前新田がだした差出帳は、武蔵野四か村のものではもっとも古いものだが、それには「男女共に耕作之《の》外、何之稼に而《て》も無二御座一候」とあり、男女とも農耕以外には何の余業もないとされていた。この文のなかの「稼《かせぎ》」という言葉は、代官の側では農民の余業をもう一つの収入源と捉えているのではないかと推測させ、注意をひく（のちの吉祥寺村のものはこの言葉を使っていないが）。

ところが、文化六年（一八〇九）以後に、関前村と新田がだした差出帳になると、「農業之《の》間男女稼《かせぎ》の儀、男は江戸表え肥取《こえとり》に罷出《まかりいで》、女は薪《たきぎ》取申候」となり、この様式がその後もうけつがれていく。「こえ」とりが、ときに「肥・馬糞」とりとなるだけである。一七四六年と一八〇九年の間のものがないから、これ以上限定することはできないが、江戸へこえ汲みにいく仕事はこの間にはじまったとみてもよいのではなかろうか。

これにたいして、吉祥寺村の差出帳は弘化三年（一八四六）のものからのこっているが、その年のものには「農業之《の》間、男女之《の》業、男は薪取、又は藁縄をない、江戸持出し売捌《うりさばき》申候。女は苧《からむし》はた、木綿はた、縫つぎ、さしもの仕候《つかまつりそうろう》」とある。関前ではたきぎを採取することが女の仕事であったのにたいし、吉祥寺では男の仕事となり、女ははたや縫いものやさしもの[註]をするとされている点は、注目される。その後もほぼこの様式で書かれ、ときに男の仕事の中に、たきぎの採取のあとに「まきやそだをつくる」ということが入ったり、女の仕事の中からからむしはたが消えるといった違いがあるくらいである。

註　ここでいう「さしもの」とは、いわゆる指物ではなくて、刺し子や縫い刺し（縫い取り＝刺繍）などの針仕事であったと考えられる。

これとは別に、例えば安政二年（一八五五）の吉祥寺村の書上帳には「所産物、五穀之外《のほか》、独活《うど》、草箒《くさぼうき》、荏豆、荏《えごま》、菜種、蕎麦《そば》、芋、大根之類、果物は栗、柿之類、右は夫食《ふじき》遣料之外《のほか》、江戸え持出し売捌申候」とある。つまり雑穀の一部と野菜類、果物類も自家消費分をこえたものは江戸へ運んで売りさばいているというわけである。

関前および関前新田の場合には、天保一四年より以後、慶応年間にいたる間の差出帳がないためか、それとも、もともと自家消費分をこえるほど野菜をつくっていなかったためか――天保一四年の関前新田の書上帳には「前栽物は作り不ㇾ申候」とある――野菜類を江戸で売りさばくといった記事はでてこない。あるいは吉祥寺と関前との間にある、江戸からのわずかな距離の差が、あるいは関前における一戸当たりの耕地面積の狭さが、二つの村における野菜生産のあり方を変えてしまっていたのであろうか。

吉祥寺村の場合には、通常の差出帳とは別に、慶応三年（一八六七）には「下掃除場所及び掃除代書上帳」がだされている。すでにふれたように、これには江戸のどの武家、どの町家からどの百姓が人糞と馬糞を仕入れ、どの程度の対価を仕払っているかがこまかく書かれている。

こうして吉祥寺村の農業は――西窪村や境村については史料がのこっておらず、関前村の場合には以下にのべる関係のうち一部分は欠けていたかもしれないが――穀物と肥料の流通市場のなかにくみこまれているというほかに、農民が直接に野菜や草箒やまきの類を運んで売りさばく一方、人糞や馬糞を仕入れてもちかえってくるという関係が、江戸との間にできていたことになる。その農業の再生産は、江戸との直接的な結びつきのもとに営まれていたといってよいだろう。

第五節　農間渡世

幕末に近づくと、村から代官所へだされる書上げには、いまみてきた農耕以外の農民の仕事とは別に、「農間渡世」といわれるものがでてくるようになる。農間渡世とは、言葉どおりにいえば、農業の合間に行われる生業ということであり、農業が本業でその副業である場合や、逆にこちらが本業で農業が副業である場合や、ときには専業として営まれるものまでをふくめて用いられる。

この農間渡世の調査がきちっと行われるようになるのは、一八〇〇年代に入ってしばらくしてからとみてよい。文政一〇年（一八二七）に関前村、同新田の村役人がだした、次のような一札が市史『続資料編七』にでている。

「差上申一札之事
関東筋村々之内、農間諸商人多、田畑作余り、其上奢に長じ、良民及二難儀一候趣に付、従《より》二御奉行所一、今般諸商人軒数、并《ならび》(に)居酒屋、湯屋、髪結床、大小拵《こしらえ》・研屋《とぎや》等、名前巨細御改に付、別紙帳面に相認奉二差上一候通、少も相違無二御座一候。万一押隠不二書上一候歟《か》、調落(し)後日相顕候はば、何様之御儀にも可レ被二仰付一旨被二仰渡一、承知奉レ畏候。依レ之御請印形差上申処、如レ件。」

この文中にある別紙と考えられる「覚」がそのつぎにでている。それによると、その当時、関前村と新田の戸数は七十二軒（人口は三百七人）であり、そのうちの六十六軒が専業農家で、のこりの六軒が農間商および職人である（右の「一札」をみると、商人だけが問題とされているようにも思われるが、職人も数えられている）。この六軒のうち、

百姓八兵衛　居酒渡世　安永三年（一七七四）より
百姓忠右衛門　居酒渡世　寛政五年（一七九三）より

であった。この段階では、居酒屋のほかに、大小拵《こしらえ》・研屋《とぎや》、髪結、湯屋、煮売などが書上げの対象とされ、その他は軒数だけが求められていたようであり、残りの四軒の生業はでていない。

この四軒のうちの一軒にあたるのであろう。同じ文政一〇年に「農間質屋渡世」の書上げがだされており、紋右衛門一人の名前がでている。それによると、紋右衛門は明和二年（一七六五）から営業しており、文政一〇年当時には、年間に金百七十七両余と銭六十一貫文余の貸付けをしているという。

天保七年（一八三六）に境村、同新田がだした書上げには、次の四名の名前がでている。

佐七　明和元年（一七六四）より、酒、醤油、そのほか小物あきない
　　寛政五年（一七九三）より、質屋営業。年間の質取高は金三百四十三両余と銭三百四貫文余。
斧右衛門　明和元年より酒、醤油小売。
藤右衛門　文化一五年（一八一八）より酒、醤油小売。

斧三郎　髪結、そのほか用たし（この農民は幼少で、かつ歩行が不自由だという）。

武蔵野地域の四か村の中では、境がもっとも早く開け、その状況が大正時代のはじめまでかわらなかったとみられているが、境地区では一七〇〇年代の後半に酒や醤油などをあきなうものがあらわれ、やがて質屋もできたことがわかる。なお、斧右衛門と佐七はともに新田の有力な農民であり、斧右衛門は代々境村の年寄、佐七は幕末に百姓代や年寄（組頭）をつとめた家柄である。また、これはかなりのちのことかと思われるが、斧右衛門は酒、醤油の小売のほかに、玉川上水の梶野橋のちかくで、飯・うどん店を開いた。

右の天保七年の書上げにはでてこないが、境村の農民専《ママ》之助は天保三年（一八三二）に、伯父のあとを継いで醤油醸造をはじめたいので、梁間三間、桁行六間の土蔵を修繕したいと願いでている。この結果はわからないが、天保一三年（一八四二）の境村の年貢割付状によると、それまでより永五文増しの年間永百五十七文の冥加金で、醤油醸造の許可が五年間更新されているので、専之助はあるいは天保八年に最初の許可をうけていたのであろうか。仙《ママ》之助はその後の弘化四年（一八四七）にまた五年間の更新を許されているが、そのさいの醸造高は年間二十石で、冥加永は年百六十七文に増加されていた。

こうして、一八二〇年代から三〇年代ののちになると、農業以外の生業に従事するものが、少しずつ増加してくるが、幕府権力はこうした動向が農民の質朴な風俗、慣習をかえていくことにたいして、きびしい警戒の態度をとっていた。天保一四年（一八四三）には、幕府は在方で湯屋、髪結床、酒食店、小間物店、刀研《とぎ》・拵《こしらえ》屋を開くことを禁止している。また、翌弘化元年には、幕府は質屋や古着屋にたいして、物品をもちこむものをよく吟味し、それが盗品でないかどうかを確かめるよう布令している。

しかし、一たびはじまったこうした歴史の流れは、政治権力の禁止によってはとどめることができないだろう。それはじょじょにではあるが、確実に大きくなっていった。幕末の最終段階の慶応三年（一八六七）には、吉祥寺村、西窪村、関前村の三か村の農間渡世の書上げがのこっている。また、こちらは『市史』だけにでているものだが、明治五年（一八七二）における境村をふくむ四か村すべてにおける農間渡世の状況を示す表がある（この表では、農民の名前は伏せられているが、これは『市史』が意識的にそうしたもののようである）。ここでは、『市史』から慶応三年および明治五年の表を転載することにする。それには、一部をのぞき農民の個々の家の石高が書きくわえられているからである。

これらの表をみていてまずわかることは、農間渡世に従事する農民は、あらゆる階層にひろがっており、その持ち高（石高）によって区別はできないということである。しかし、農間渡世の業種は、農民の持ち高の大小におうじてほぼ二つに大別できるようである。その一つは、村役人層をふくむ持ち高の大きい裕福な農民が主として従事するものであって、これには米、酒、醤油、油などの食料品商、醤油醸造業、繭、生糸、藍玉など農産物の取扱人、肥料商、質屋などがはいってくる。いま一つは、持ち高の小さい比較的に下層の農民が従事する業種であり、大工、屋根職、木挽から、鍛冶や桶、竹篭の職人など、ほぼすべての職人と、いわゆる一文菓子、たばこやわらじなどをあきなう零細な商人がこれにふくまれる。いうまでもなく、この二つはそれを営むのに資本を必要とするかどうかによって区別されるわけである。

もちろん、これはおよその傾向をいうのであって、酒を販売している家はすべて持ち高が大きく裕福であるというわけではない。その極端な例は、明治五年の境村における酒食商の場合である。農間渡世に従事している家のなかで、もっとも持ち高の大きい家ともっとも持ち高の小さい家(持ち高ゼロである)とが酒食商となっている。この場合などは、実際の営業形態は大きくちがっていたはずであるから、同じ酒食商といってもピンからキリまであるのが実態だという方がよいかもしれない。しかし、にもかかわらず、およその傾向としては、右のような区別があるといってよいだろう。

ここで、境村をのぞく三つの村について、慶応三年と明治五年との間の変化をみておくことにしよう。吉祥寺村と関前村では、むしろ明治に入ってから農間渡世の軒数が激減している。なかでも、関前村の場合には、軒数が減少しただけでなくて、その内容も大きく変化している。

慶応三年には、関前村には農間渡世に従事する家が十軒あり、そのうち商業に従事するのは二軒の質屋をふくめて六軒あった。おそらく菓子とわらじを扱う三軒はごく零細な規模のものであったであろう。商業以外の四軒のうち、三軒が職人(木挽二と桶屋一)で、他の一軒はどのような規模のものかわからないが、油絞り業(これは慶応元年から冥加永を払いはじめたことがわかっている)であった。

ところが、明治五年には、農間渡世に従事するのは六軒であり、すべてが職人である。そのうちわけは、木挽が二人でかわらず、桶屋は一人が二人となり、鍛治屋と染物屋が一人ずつふえた。『市史』の記載が正しいとす

表2－5－1　慶応3年（1867年）8月　吉祥寺村農間渡世

名　前	内　　容	明治5年（1872年）持高
名主　十八郎	醤油造（冥加永118文）・質屋稼（200文）酒・酢・塩・油小売、荒物類商内春米小売	15石1219
年寄　八右衛門	質屋稼（200文）・荒物類・春米小売	6，7833
名主　与之松	藍玉・肥物類商内	27，5263
名主　七右衛門	肥物類商内	
百姓　由右衛門	酒・酢・醤油小売、温飩・蕎麦商内	3，8220
同　多　七	春米小売、荒物類商内	
同　勇次郎	質屋稼（200文）、材木・荒物類、酒・酢・醤油小売	3，0432
同　源四郎	荒物類商内	
同　丑右衛門	荒物類商内	
同　熊　蔵	荒物類商内	
同　十郎左衛門	春米小売	
同　重　蔵	春米小売	4，9015
同　吉五郎	材木商内	2，1800
同　浅次郎	藍葉・肥物類商内	11，7626
同　長　八	繭・生糸商内	
同　佐　平	菓子・煙草類商内	
同　幸　吉	菓子類・際物類商内	0，1387
同　金之丞	筆・墨・紙類商内	
同　吉五郎	豆腐屋渡世	
同　倉　蔵	豆腐屋渡世	3，5849
同　三郎右衛門	大工職	1，5851

次のページに続く

同　美太郎	大工職	1石4293
同　梅五郎	杣・木挽職	0，7450
同　倉　吉	木挽職	
同　松五郎	草屋根屋職	0，4940
同　次郎右衛門	草屋根屋職	1，0705
百姓 六右衛門倅 民　吉	桶屋職	
同　熊　蔵	下駄屋職	1，4432
同　美太郎父 徳次郎	附木職	
安養寺店　平蔵	髪結床	
百姓　卯左衛門	菓子・煙草類商内	
同　源　蔵	同・同	
同　利　七	同・同	
同　亀　吉	同・同	
同　八丁 三郎右衛門	同・同	
同　源　蔵	同・同	
同　孫十郎	同・同	
重　蔵	木挽職	
庄五郎	木挽職	1，6953
庄屋倅　桑　吉	桶屋職	
市三郎	大工職	
政五郎	草屋根屋職	
萬　蔵	草屋根屋職	
(注)　資料編126～8ページ（　）内は冥加金		

出典『市史』

慶応3年（1867年）8月　西窪村農間渡世

名　前	内　容	冥加永
名主　覚之加	質屋	質屋稼分200文
百姓　権　七	質屋・酒・油・荒物商	質屋稼分200文
同　磯　吉	酒・酢・醤油小売・炭売商	
同　兵五郎	菓子・草履・草鞋商	
同　忠兵衛	古着商	
同　定右衛門	大工職	
同　六右衛門	木挽職	
同　市五郎	鍛冶職	本銀町鍛冶 役所へ銀5匁運上
同　平太郎	下駄職	
同　久左衛門	繭・生糸商	
同　又五郎	傘職	
同　兼五郎	附木職	
（注）資料編193～4ページ		

出典『市史』（編注）覚之加は覚之助か

慶応3年（1867年）8月　関前村・同新田農間渡世

名　前	持高	内　容	冥加永	備考
名主　忠左衛門	22石444	質屋・酒・醤油・酢・油・荒物・穀類商	質屋稼分 200文	関前村新田
百姓　助次郎	6，749	繭・木綿糸商売		新田
同　増右衛門	6，536	油絞り	油絞り稼分 97文	関前村
同　吉五郎	6，500	菓子・草履・草鞋商		新田
同　徳次郎	4，144	桶拵職		関前村
同　紋右衛門倅倉之助	3，708	木挽職		関前村
同　安五郎	3，391	質屋	質屋稼分 200文	関前村
同　利右衛門	2，838	木挽職		関前村
同　伝七後家きち	2，643	菓子・草履・草鞋商		新田
同　庄蔵	1，990	菓子・草履・草鞋商		新田

（注）資料編235～6ページ
出典『市史』

吉祥寺村の農間渡世

明治6年（1873年）分			慶応3年（1867年）分
業種	持高	持高順位	
藍玉商	27石 5263	2	藍玉・肥物類商
酒・酢・醤油・荒物商	15，1219	10	醤油造、質屋稼、酒・酢・塩油小売・荒物類商、舂米小売
肥物商	11，7626	14	藍葉・肥物類商
舂米・荒物商	6，7833	41	質屋稼、荒物類、舂米小売
肥物商	4，9015	61	舂米小売
酒・酢・醤油・荒物商	4，1150	74	
酒・荒物商	3，8220	77	酒・酢・醤油小売、温飩・蕎麦商
豆腐物商	3，5849	82	豆腐屋商
材木商・荒物商	3，0432	92	質屋稼、材木荒物類、酒・酢・醤油小売
飴・菓子・果物商	3，0346	93	菓子・煙草類商
材木商	2，1800	113	材木商
木挽職	1，6953	121	木挽職
大工職	1，5851	123	大工職
下駄職	1，4432	126	下駄屋職
大工職	1，4293	127	大工職
草屋根職	1，0705	139	草屋根屋職
杣・木挽職	0，7450	149	杣・木挽職
草屋根職	0，4940	154	草屋根屋職
笊職	0，2833	167	
菓子・際物商	0，1387	174	菓子類・際物類商
※豆腐屋商	0	186	
（注）※印は専業を示す。			

出典『市史』

明治5年　西窪村の農間渡世

明治6年（1873年）分			慶応3年（1867年）分
業種	持高	持高順位	
生糸・藍玉造商	16石6164	1	繭・生糸商売
質屋・荒物・升酒商	13，2460	3	質屋稼、酒・油・荒物商
醤油・濁酒商	10，2360	5	酒・酢・醤油小売、炭売商
質屋商	9，1508	8	
古着商	4，7080	15	古着商
杣・木挽職	3，5786	25	
鍛冶屋職	3，3686	23	鍛冶職
屋根屋職	2，9513	28	
附木職	2，3746	30	附木職
大工職	1，7660	35	
下駄職	1，6554	36	下駄職
屋根職	1，4087	38	
大工職	0，6047	40	
籠造職	0，3733	43	

出典『市史』

関前村の農間渡世

明治6年（1873年）分			慶応3年（1867年）分
業種	持高	持高順位	
桶屋職	3石8080	40	
木挽職	2，8995	45	木挽職
桶屋職	1，　9540	51	
鍛冶屋職	1，9158	52	
木挽職	1，3307	59	木挽職
形附染物職	0，　2830	67	

出典『市史』

ると（いまは確かめるすべがないが）、慶応三年からひきつづき従事しているのは木挽二人だけだということである。

こうした関前村の変貌は、明治二年末から翌三年はじめにかけてあった有名な門訴事件の影響とみてよいだろう。この事件で名主の忠左衛門は捕らえられて獄中で病気となり、宿あづけ中に病死した。このため、井口家は質屋兼食料品店兼荒物店をたたんだだけでなく、財産を大きく失った。その他の家々の場合には、門訴事件との関連は具体的にはわからないが、その余波をうけたとみてよいだろう。

吉祥寺村の場合には、慶応三年には農間渡世に従事するものが四十三人あったのにたいし、明治五年には二十一人であり、まさに半分以下に減少している。幕末の場合には、親子で名前がでているものが二組はあるのにたいし、明治の表にはそういう例はなさそうである。このように数え方にいくらかちがいがあるかもしれないが、農間渡世がかなり減少したことはたしかであろう。

その場合、一つ注目されることは、幕末には零細な「一文菓

境村の農間渡世　　明治5年（1872年）

業　種	持　高	持高順位
酒食商	14石256	6
※質屋商	13，896	7
草屋根屋職	5，605	29
※質屋稼・材木商	4，195	33
酒・小物商	1，740	62
籠屋職	1，349	64
同上	1，288	67
木挽職	1，166	69
桶屋職	1，019	75
鍛冶屋職	0，944	79
草屋根屋職	0，540	91
籠細工職	0，430	93
木挽職	0，363	96
草屋根屋職	0，247	99
大工職	0，165	103
木挽職	0，129	106
同　上	0，060	111
古着・小物商	0，043	114
大工職	0，042	116
酒食商	0，030	120
（注）※印は専業を示す。		

出典『市史』

子」屋と推定されるものがけっこうあったにもかかわらず、明治に入ると激しく減少していることである。吉祥寺村では九軒が二軒になっているが、関前村では三軒が無に、西窪村でも一軒が無になっている。境村については変化はわからないが、明治五年にそれらしきものはない。

なぜそうなるのかの理由はよくわからない。しかし、減少したのは零細な駄菓子屋だけにかぎらない。吉祥寺村では三軒あった質屋はすべて営業をやめているし（ただし、この三軒は他の商売の営業はつづけていた）、全体で二十七軒あった商人が十三軒となっている。職人も十六人いたものが八人に半減している。大工は三人が二人に、屋根職は四人が二人に、木挽も四人が二人になり、下駄職は一人でかわらなかったが、桶屋は二人が無に、つけ木職と髪結は一人が無になり、ざる職人だけが無から一人となっている。

こうした変化をみると、明治維新という政治的変動に、すくなくとも一時的には農業以外の生業を抑制するなんらかの作用があったのではないかという気がしてくる。しかし、それはともあれ、吉祥寺村の場合には、明治五年に営まれていた農間渡世二十一軒のうち、十八軒までが慶応三年からひきつづいてなされていたものである。こうした継続性の高さは、関前村の場合と異なるだけではなく、西窪村の場合ともややちがっている。

西窪村の場合は、農間渡世に従事するものは慶応三年には十二軒であったが、明治五年には十四軒となっているので、わずかだが増加したことになる。しかし、うちわけをみると、質屋をふくむ商人が六軒から五軒にへり、職人が六人から九人にふえている。その中身は、大工が一人から二人に、屋根職が無から二人に、木挽、鍛冶、つけ木職、下駄職が一人ずつでかわらず、傘職は一人が無に、逆に竹篭職が無から一人となっている。継続

表２－５－２　四か村の農間渡世の家数

明治5年（1872年）

	総戸数	農間渡世			備考
		商	工戸	合計	
吉祥寺村	186戸	13戸（7.0%）	8戸（4.3%）	21戸（11.3%）	専業１（豆腐屋）を含む
西窪村	44	5　(11.4)	9　(20.5)	14　(31.8)	
関前村	65	0	6　(9.2)	6　(9.2)	
境村	126	6　(4.8)	14　(11.1)	20　(15.9)	専業2（質屋）を含む
計	421	24　(5.7)	37　(8.8)	61　(14.5)	

出典『市史』

（編注）吉祥寺の商13戸のなかには豆腐屋が2戸が含まれている。豆腐屋は、桶屋や籠屋などと同様に職人とするべきではないかと思われるが、明治初年の書上げが、豆腐屋は商人に数えているので、そのままにしておく。

性という点をみると、商人は五軒のうち四軒が慶応三年から続いているのに反して、職人は鍛冶職、つけ木職、下駄職の三人だけが継続で、のこり六人は新規開業であったようである。

明治五年の境村の状況を簡単にみておくと、商人が六軒である。そのなかには二軒の質屋（『市史』はこれは二軒とも専業だとしている。根拠はあげていないが）と二軒の酒食商がふくまれる。職人は十四軒で、そのうちわけは、大工が二人、屋根職が三人、木挽が四人、鍛冶が一人、桶屋が一人、竹篭屋が三人である。

ここで、明治五年における吉祥寺、西窪、関前、境の四か村で、農間渡世を営む家がそれぞれの村の戸数のなかで占める割合をみると、表２－５－２のようになる。農間渡世の比率が高いのは、西窪、境、吉祥寺、関前という順であり、とくに西窪は比率が高い。戸数がすくない割にはそれに従事する家が多かったわけである。商人と職人との割合をみると、吉祥寺だけが商人の方が多くて、職人の一・六倍となっているが、他の三村ではすべて商人よりも職人の数が多くなっている。

これらの農間渡世はどれくらいが本業、または専業として行われていたかは、よくわからない。これまでみてきたように、『市史』は明治五年について吉祥寺の豆腐屋一と境の質屋二を専業としていた。明治三年八月に吉祥寺村がだした戸口其外書上帳には、戸数百八十二軒、うち農百六十九軒、大工二軒、桶工一軒、下駄工一軒、木挽工二軒、草屋根工二軒、商五軒というふうに書いてある。商家の業種は書かれていないからわからないが、この十三軒、百八十二軒のうちの七・一四パーセントが専業または本業としてなされていたものだとみてよいのではなかろうか。

第六節　貧民の実態

時代がくだるにつれて、武蔵野地域でもじょじょに戸数が増加してくるが、生産手段としてほとんど唯一といってよいほど重要な土地の面積はほぼ固定していた。しかも、農民層の階層分化という傾向も、武蔵野地域では畑だけであり、かつその畑の地味が悪いためにそれほどは進行しなかったが、それでもやはりあらわれていた。さらに、安政六年（一八五九）の開国＝海外貿易の開始後には、内外における金と銀の比価の違いも手伝って、さまざまの物品のはげしい価格騰貴がおそってくる。こうして、幕末には土地をほとんどもたず生活に困窮する貧民が村々に堆積してくる。ここでは、吉祥寺村を例にとって、貧民の実態を簡単にみておくことにする。

吉祥寺村では、こうした状況のもとで代官所の指導をうけて、村役人やその他のゆとりのある農民が、麦、稗、粟などの穀物や金銭を拠出し、それを困窮した農民に分配していた記録が、文久元年（一八六一）年以後にいくらか残っている。それは「窮民へ助成取集・割渡帳」などと名付けられ、だれが何をどれだけ提供したか、逆にだれに何をどれだけ分配されたかがこまかく書かれている。

文久元年には村役人をふくむ四十九人が、金九両一朱と銭若干、および稗三十一石九斗、大麦二石八斗、粟七斗余を拠出し、三十四人の農民に配分していた。また、慶応二年（一八六六）には、七十六名の農民から七月六日までに大麦三石六斗、稗六石二斗、金十一両余と銭三貫余の拠出をうけ（百四両余を拠出するよう申しださせていたのだが）、二回にわけて、のべ五十名の農民やその他に分配していた。

しかし、貧窮者の実態がもっともよくわかるのは、明治元年一二月に吉祥寺村が提出した「極窮の者名前書上帳」である。これには、四十人の戸主の名前、年齢、性別、持ち高、家族数、貧窮の理由が書かれているからである。『市史』は四十人の実名だけを伏せ、その他を一覧表にしている。ここでは、その中身をいくつかの点に分解して、その特徴をみていこう。

まず、四十人を戸主としてみると、当時の吉祥寺村の戸数は百八十七戸であったから、その数は二十一パーセントになる。また、四十人を男女別にみると、男が三十四人、女が六人であるから、極貧者は男の戸主が欠けた家に多いなどといったことは、けっしていえないことがわかる。また、四十人のなかに、男女とも二十歳以下のものはいない。弱年のものが両親にとりのこされた場合には、身寄りの家にひきとられるか、奉公にでもでてしまっていたのであろう。

かんたんに戸主が女子である場合からみておこう。六人のうち後家が五人で圧倒的に多いが、年齢は二十歳台が一、三十歳以上・六十歳未満が三、六十歳台が一、七十歳台が一、でありそれほど老齢の人が多いともいえない。しかし、全体で老衰が二、病気（眼病）が一とある。男子の場合、こういう表示がまったくないのと対照的である。持ち高は五升未満が一、五升以上・一斗未満がなし、一斗以上・五斗未満が三、五斗以上・一石未満が二となっており、ごく少ないことがわかる。家族数は一人が三、二人が一、三人が二となっており、男子の場合に

表２－６－１　吉祥寺村の極貧者　明治元年（1868年）12月

		戸主が女子	戸主が男子
戸　数		6戸	34戸
戸主年齢	20歳以上30歳未満	1人	3人
	30　〃　60　〃	3	26
	60　〃　70　〃	1	2
	70以上	1	3
持高	5升未満	1人	人
	5升以上１斗未満		5
	1斗〃　5斗〃	3	17
	5斗〃　1石〃	2	10
	1石以上		2
家族数	1人	3戸	戸
	2	1	2
	3	2	3
	4		10
	5		7
	6		4
	7		3
	8		2
	10		1
	11		1
	13		1

出典『市史資料編』三

家族数がけっこう多いのとは対照的である。念のため、表にすると表２－６－１のようになる。

戸主が男子の場合、妻の有無は記入してない。年齢は二十歳台が三、三十歳以上・六十歳未満が二十六、六十歳台が二、七十歳台が三となっており、壮年者が圧倒的に多い点が目につく。これは記入しなかったのかどうかわからないが、老衰とか病気という表示はない。持ち高は五升未満がなし、五升以上・一斗未満が五、一斗以上・五斗未満が十七、五斗以上・一石未満が十、一石以上が二(ただし一石四斗以下)となっており、女子の場合よりはこころもち高いといってよいかもしれない。しかし石高が低いことにかわりがなく、しかも、その家族数は多かった。概略をいうと、一人がなし、二人以上・五人までが二十二、六人以上・十三人までが十二となっている。およその数字は、戸主が女子の場合と同じ表２－６－１にかかげておいた。

いうまでもないことながら、貧窮の一般的な原因は持ち高がすくないことである。四十人のうち、二人をのぞけば一石以下であり、二十六人が五斗未満である。もし宅地をいくらかもっているとすれば中畑一反歩(石盛り三斗である)前後しかないということであったとみてよい。戸主が男子の場合には、これに加えて家族数が比較的に多いということが、もう一つの理由としてあげることができる。戸主が壮年でも家族数が多いと窮迫するわけである。もっとも、これ以外にも戸主が病身であるとか、その他の理由もあったかもわからないが、そういうことは『市史』の書上げに書かれていないので、今は二つの理由を挙げるだけでとどめなければならない。

男子の場合、耕地がないため、「出商い、日雇稼ぎ」に従事していると書いてあるものがたくさんある。ただし、書上げの後半には、耕地を返却したため、水呑み百姓にもどり、困窮していると書いてあるものが多い。記入の仕方が異なるわけだから、数字をだしても無意味である。おそらく、耕地がなく困窮した農民は、老齢のものをのぞけば、行商とか日雇いにでて、かろうじて生命を維持していたのであろう。

第七節　通婚圏

『市史』には、吉祥寺、西窪、関前、境の四か村の通婚圏という興味深い調査がでている。表2―7―1、表2―7―2がそれである。これには、説明がついていないが、おそらくそれぞれの村内の家に嫁または婿にきた人が、どの町村からきているかを、明治五年の戸籍で調べあげたものと考えられる。『市史』の表では、合計の部分に数字が合わない個所があるので訂正しておいた。また、表2―7―3は、右の表から村内、および武蔵野地域のほかの三か村、および両者をあわせた縁組の数を書きだし、それぞれが全縁組のなかでどのようなパーセントを占めるかをあらわしたものである。

それをみてまずわかることは、吉祥寺と境は自村内の縁組が四割前後もあるのにたいして、西窪と関前とは四分の一以下ですくないということである。これは吉祥寺や境は相対的に村の規模が大きく、戸数も人口も多いということが関係があると考えられるが、関前の場合には、戸数では西窪の一・五倍ちかくで、人口でも一・二倍くらいであるにもかかわらず、村内の縁組の比率は低いから、村の規模という点だけでは説明できないかもしれない。

つぎに、のちに武蔵野村を構成することになる他の三か村との関係をみると、西窪の場合には約二十パーセン

表２－７－１　四か村の通婚圏（１）

	吉祥寺村	西窪村	関前村	境村	合計		吉祥寺村	西窪村	関前村	境村	合計
多摩郡						上高井戸村	3				3
吉祥寺村	99	4	1	4	108	北野村	2		1		3
西窪村	7	15	3	2	27	馬橋村	3				3
関前村	8	1	13		22	下井草村	1		1		2
境村	4	6	2	54	66	**大宮前新田**	1	1			2
上連雀村	6		6	3	15	久米新田	1	1			2
田無村	7	2	7	1	17	中野村	1	1			2
梶野新田		1	1	10	12	砂川村	1			1	2
小川村	1		6	3	10	南沢村	1			1	2
野中新田	1	4	2	2	9	榎戸新田			1	1	2
上井草村	9				9	前沢村			2		2
上荻窪村	5	3			8	是政村			1	1	2
井口新田			2	5	7	上布田宿				2	2
下連雀村	2			5	7	永福寺村	1				1
牟礼村	2	2	1		5	上染尾村	1				1
上小金井村	2	1		2	5	南村	1				1
下小金井村	2	2		1	5	堀之内村	1				1
鈴木新田	2		2	1	5	金子村	1				1
下小金井新田	2		1	1	4	是政新田	1				1
大沼田新田	1		2	1	4	関野新田	1				1
深大寺新田	1			3	4	青柳村		1			1
上清戸村		1		3	4	門前村		1			1
久我山村	2			2	4	宮村		1			1
野崎村	1			2	3	中高井戸村		1			1
貫井村			2	1	3	清戸村			1		1
戸倉新田				3	3	布田宿			1		1
深大寺村	1		2		3	野口村			1		1

次のページに続く

表２－７－２　四か村の通婚圏（２）

	吉祥寺村	西窪村	関前村	境村	合計
小川新田			1		1
谷原村			1		1
芋窪新田			1		1
恋ヶ窪村			1		1
小金井新田			1		1
内藤新田			1		1
国分寺村				1	1
南秋津村				1	1
大沢村				1	1
府中宿				1	1
小谷田村				1	1
中里村				1	1
府中八幡宿				1	1
東京市街					
芝永町	1				1
本所緑町	1				1
青山権田原	1				1
麹町五丁目	1				1
麻布	1				1
豊島郡					
関村	13	2		2	17
上石神井村	10	1		1	12
竹下新田	1	1	4		6
下石神井村	2	1			3
土支田村	2	1			3
西大久保村	1				1
新座郡					
小榑村	13	2			15
上保谷村	2	2	3	5	12
下保谷村	5		1	1	7
上保谷新田			5	1	6
片山村	1		1		2
保谷新田	1				1
菅沢村	1				1
保谷村				1	1
入間郡					
大岱村	1			1	2
久米村			1	1	2
本郷村				2	2
牛沼村				1	1
川辺村				1	1
所沢村				1	1
荏原郡					
下北沢村		2			2
足立郡					
伊苅村	1				1
神奈川県橘樹郡					
諏訪河原村	1				1
合　計	246	61	83	140	530
村　内	99	15	13	54	181
四か村内	9	12	9	12	42
町村数	52	27	36	45	

（注）太字は武蔵野四か村と隣接の諸村

出典『市史』

表２−７−３　村内および四か村の縁組数

	村内	他の三か村内	四か村内	縁組計
吉祥寺	99 (40.24)	9 (3.66)	108 (43.90)	246
西窪	15 (24.59)	12 (19.67)	27 (44.26)	61
関前	13 (15.66)	9 (10.85)	22 (26.51)	83
境	54 (38.57)	12 (8.57)	66 (47.14)	140
計	181 (34.15)	42 (7.93)	223 (42.08)	530

（注）第２−７−２から作成
（編注）（　）内は％を示す

トを占めるが、平均は八パーセント以下であり、とくに吉祥寺の場合は四パーセント以下と低い。これはすぐあとでとりあげることと関連づけてみると、通婚圏というかぎりでは、のちに一つの村を構成することになる四か村は特別に深い関係をもっていたわけではないということである。とくに、関前には境から一人の嫁ないし婿もきていないという点が注目される。

第三は、武蔵野四か村は相互の間にはそれほど特別の関係があったとはいえないが、広く近隣の村々との関係という点でいえば、どの村も相対的に近い村の人々と縁組をむすぶことが多かったといってよい。逆にいうと、近隣以外の条件による特別の結びつき、たとえばA村の有力者の祖先がB村からきているといった関係による特別の結びつきは、この段階ではまったくみられないように思われる。

第四は、近隣が重要な条件であるにもかかわらず、四か村の通婚圏はけっこう広かったとみてよい。吉祥寺村の場合には、縁組をむすんだ人々は五十二か町村にまたがっており、その中には東京の市街地にある五つの町もふくまれていた。これにたいして、通婚圏のもっとも狭い西窪村の場合でも、それは二十七の村におよんでいた。明治五年といえば、封建時代をぬけだしたかぬけださないかという時期であったが、武蔵野四か村をふくむ村々の間には、すでにかなり広い交通圏が成立していたといってよいだろう。

第三章　維新直後の武蔵野

第一節　府県の変遷

武蔵野四か村は徳川時代をとおして幕府の直轄領であり、代官または関東郡代の支配下にあった。ところが、明治維新ののちになると、それを管轄する役所ないし行政区画はしばらくの間めまぐるしく変化する。

明治新政府が成立するのは慶応三年一二月九日（一八六八年一月三日）のいわゆる王政復古の大号令とともに、総裁、議定、参与の三職がおかれたときであるとみてよいが、それは中央政府の中枢部の人事が決まったというだけのことであった。地方制度がある程度かたまってくるのは、明治元年閏四月二一日の政体書によって、府藩県三治の制が制度化された以後である。これは中央政府の直轄地のうち、重要な地域には府を、その他には県をおき、従来から大名が支配してきた藩（藩が正式の名称となったのはこのときであるが）と組合わせて全国を治めようとするものであった。府は一時は十を数えた。

この制度にもとづいて明治元年六月ないし七月に三名の武蔵知県事が任命された。これはそれまで江戸の朱引《しゅびき》外の地を支配してきた三名の代官をそのまま知県事に任命したものであるから、古い代官から新しい府県の長官（府県知事）へ移行する過渡の産物といってよい。知県事という言葉は古代の知太政官事（太政大臣がいない場合に、それに準じる職を行った令外《りょうげ》の官をいう）などにならった呼称である。武蔵野四か村を管轄したのは、武蔵知県事の一人松村長為（忠四郎）であったが、八月には佐賀藩出身の古賀定雄[註]と交代した。

註　古賀定雄（一八二八－一八七七）は通称一平、早くから尊王攘夷を主張した人物であり、大木民平（喬任）、江藤新平とともに佐賀の三平と称されたこともあったという。

明治二年（一八六九）に入ると、三名の武蔵知県事が治めてきた地域がそれぞれ独立して、小菅県（東北部、一月一三日設置）、大宮県（西北部、一月二八日設置）、および品川県（西南部）という三つの県がおかれた。このうちの品川県はもとの幕府の直轄領と旗本の知行所をふくむ四百余町村を管轄し、その地域は青梅街道から東海道にわたっていた。設置されたのは、二月九日で、知県事はひきつづき古賀定雄であった（版籍奉還直後の七月八日に制定された職員令で府藩県の長官は知事ないし権知事《ごんちじ》となる）。

県庁がおかれたのは日本橋浜町、現在の明治座附近の武家屋敷であった。ここが明治二年のおわりから三年のはじめにかけて武蔵野台地の新田十二か村によってひきおこされた有名な門訴事件の舞台となる。しかし、県庁は実は北品川の東海禅寺におかれる予定となっており、寺の改造が行われていたが、それが完成しないまえに、廃藩置県によって品川県そのものが消滅してしまったのだという。

品川県が設置されるより数日前の明治二年二月五日に、政府は十二か条からなる府県施政順序を定め、府県に頒布している。これはさしあたりもとの大名が支配する藩は考慮の外において、新政府が直轄する府県にたいして施政の大綱を示し、政令の統一性を確保するとともに、富国強兵の基礎を固めようとしたものであるといってよいだろう。その項目をあげると次のようになる。

(1)　府県の政令の統一性を確保すること
(2)　租税の入ってくる額を考えて歳出を定めること
(3)　議事の制度をつくること
(4)　戸籍を編成し、隣組の制度をつくること
(5)　詳細な地図をつくること
(6)　凶荒を予防すること
(7)　徳行を表彰し、養老などを実行する規則を定めること
(8)　窮民を救うこと
(9)　風俗を正しくする制度をつくること
(10)　小学校を設けること
(11)　土地を開発し富国の道を開くこと
(12)　商売を盛んにし、だんだん商業税がとりたてられるようにすること
(13)　地域の貧富の変動におうじて租税をとること

これをみると、公議世論を尊重した制度をつくること、戸籍をつくること、小学校を設置すること、などがすでに主張されていることが注目される。しかし、やや別の観点からいうと、一面で富国強兵の基礎を確立しようという方針がうちだされる反面では、人民の生活を安定させ、その道徳と風俗を維持することは政府の責任であるという考えがとられている点も、注意される。

品川県は明治二年一二月に番組制度を設けて、管下の村を二十四の番組に編成した。これは幕末にあった組合村（寄場組合村）の制度を改編したものである。組合村そのものが治安を維持し風俗の乱れを防止するという当初の目的（機能）だけでなくて、触れ書きの伝達とか農間渡世の調査など行政区画としての役割をするようになっていたが、番組制度はこの両面をうけつごうとしたものだといってよい。吉祥寺村は六番組に、西窪、関前、境の三か村は二十番組に属した。それぞれの番組に入っていた村は表3－1－1のとおりである。

明治四年（一八七一）七月一四日の廃藩置県によって、全国が三府三百二県となるが、その後に統廃合がくり返されて一一月下旬には三府七十二県となる。品川県は一一月一三日に廃止され、東京府と神奈川県に分割される。[註] 関前と境の二村は多摩郡の他の村とともに、神奈川県の管轄となった。吉祥寺と西窪をふくむ多摩郡東部の五十五町村は一二月五日になって東京府の管轄ときまった。こうして、一時は四村は管轄する府県を異にすることになるが、明治五年五月二三日にいたって、東部五十五町村も神奈川県へ管轄替えされることになった。これは開港場から十里以内の地域は神奈川県の管轄にしておくことが外交上必要である、という神奈川県の主張に基づく措置であった。ただ、そのうちの東京市街よりの三十二町村はその年の九月までに東京府へもどった。しか

表3－1－1　品川県6番組・20番組所属の村名一覧

6番組		20番組	
下高井戸村	東京府	田無村	11大区5小区
上高井戸村	東京府	西窪村	11大区4小区
吉祥寺村	11大区4小区	関前村	11大区4小区
粕谷村	10大区	境村	11大区4小区
廻り沢村	10大区	梶野新田	11大区4小区
下祖子谷村	10大区	関野新田	11大区4小区
上祖子谷村	10大区	鈴木新田	11大区1小区
久我山村	東京府	野中新田善左衛門組	11大区1小区
舟橋村	10大区	野中新田与右衛門組	11大区1小区
横根村	10大区	柳久保村	11大区6小区
大蔵村	10大区	柳久保新田	11大区5小区
大宮前新田	東京府	前沢新田	11大区6小区
松庵村	東京府	南前沢村	11大区5小区
中高井戸村	東京府	上保谷村	入間県
		上保谷新田	12大区
		関村	入間県
		大沼田新田	11大区1小区

（注1）平野家文書「品川県管轄村名控」その他より作成。
（注2）村名下の記入事項は、明治6年に大小区制が施行された時の所轄を示したものである。なお、大小区の記入は神奈川県に編入された村に限り、小区の記入は、とくに武蔵野4か村が所属した第11大区に限った。

出典『市史』

し、武蔵野四か村にかんするかぎりでは、これで管轄する県がしばらく安定し、明治二六年四月における三多摩の東京府への移管をまつことになるわけである。

註　品川県廃止後の変化はあまりはっきりとしない。吉祥寺と西窪が一二月五日に東京府管轄ときまるまでにも、ごたごたがあった。関前と境とははじめ入間県に所属し、翌五年五月に吉祥寺村などが管轄替えになるときにいっしょに神奈川県へ移管されたという説もあるが（『市史』はこれによる）、ここでは品川県からただちに神奈川県へうつったとしておく。

なお、府県全体について一言しておくと、その後も明治六年と九年にかなり大規模な統廃合が行われ、明治九年八月には北海道と沖縄をのぞいて、三府三十五県にまで減少した。その後も部分的な分合がくりかえされ、明治二一年一二月に愛媛県から香川県が分離することによって、一道、三府、四十三県という制度が確定する。まだこうした変遷がまっていたが、この明治五年ころから、ようやく府県の下部の地方制度のあり方が問題となってくるのである。

第二節　門訴事件

ここで、明治新政権ができてまもない明治二年（一八六九）末から明治三年はじめにかけておこった武蔵野台地の十二の新田村による有名な社倉騒動、門訴事件にふれることにする。この事件については、『市史』もくわしくとりあげているし、数年前に出版された『保谷市史』も、新しい史料も使ってけっこう細かく書いている。それに、この事件に直接かかわるのは、武蔵野四か村の中では関前新田だけである。そこで、当初はこの前史ではとりあげずにおこうかとも考えたが、思いなおして書きはじめてみると、簡単にはすまなかった。ここでは、農民層の階層分化が進行しているにもかかわらず、名主をはじめとする村役人層の農民が小前の農民を指導して新政権と対立したという、明治維新から自由民権期へかけての状況のひとこまとして、みておくことにしたい。

この社倉騒動の発端は、府県施政順序にある、凶荒の予防という目標を実行するために、明治二年一一月に品川県が創設した社倉積穀制度にあった。その内容は、数年来凶作がつづき、今後どのような悲惨な状況にあうかはかりがたいので、社倉をもうけて穀物の蓄積をする。その方法は、持高五石以上の農民は一石につき二升の米をおさめ、五石未満の農民は、暮らしむきによって上、中、下の三等級にわけ、それぞれが一軒あたり米四升、三升ないし一升五合を供出する。その米を県が管理し、凶作のときに放出する。ただし、一年目は米一斗につき金一両の割で金納し、県がその金で米を買いいれる、というものであった。

こうした社倉の制度は一七四〇年代に川崎平右衛門が武蔵野台地の新田の立直し策を実行したさいにも行われたが、とくに一八世紀末の寛政の改革のころからは広く実施されていた。関前村でも農民がひえを供出して貯蔵した記録がかなりのこっている。ただ、この徳川時代の制度では、余裕のある農民が雑穀をふくむ穀物を納め、その穀物は村が自治的に管理・運用するというのが通例であった。だから、有名無実となることもあったようである。しかし、それはともあれ、貯蔵した穀物はときどき売却され、その金が利息（年一割）をとって村民に貸しつけられた。

これにたいして、品川県の制度では、すべての農民に米――実際は現金――をださせ、県庁がそれを管理・運用しようとする――実際には一定の商人にまかされた――ものであった。しかも、その制度は、飢饉のつづいた明治二年という年に、当面する状況にたいしてはなんの措置をもとらないままで、将来にそなえるものとして新設された。

明治二年一一月に県庁の勧農方役人荒木源左衛門らからこの制度のことを告げられたとき、村役人は持ち高五石未満の農民については積穀を免除してほしいという条件をつけただけで、ひきうけてきたようである。ところが、村へもちかえると、小前の農民がこれに強く反対し、全面的な免除を要求するよう主張した。こうして、田無新田をふくむ十三か新田（十二新田は表3－2－1のとおり）の反対運動が展開されるが、そのきっかけは、野中新田の名主定右衛門が関前新田の名主忠左衛門に働きかけ、忠左衛門が上保谷新田の名主伊右衛門に働きかけ

表３－２－１　「御門訴」事件に参加した武蔵野１２か新田の概要

村名		現在の市名	検地年代	村高	名主名前
	上保谷新田	保谷市	元文1年（1736年）	183石423	伊左衛門
	関前新田	武蔵野市	〃	195，653	忠左衛門
	梶野新田	小金井市	〃	196，996	藤三郎
	関野新田	同	〃	202，203	清十郎
	鈴木新田	小平市	〃	747，452	利左衛門
	大沼田新田	同	〃	320，838	弥左衛門
野中新田	与右衛門組	同	〃	466，877	定右衛門
	善左衛門組	同	〃	369，877	弥一郎
	六左衛門組	国分寺市	〃	364，435	安太郎
	戸倉新田	同	〃	133，388	平二郎
	内藤新田	同	〃	112，220	治助
	柳窪新田	東久留米市	〃	130，349	惣次郎

出典『市史』・『市史続史料編』・『市史続史料編』一

たということにあったもようである。

明治二年一二月のはじめ頃に、十三か村の村役人は連名でつぎのような歎願書を県庁へ提出した。新田の当事者が自分たちのおかれた状況をどのようにみていたかがよくわかるので、現代文に直して全文を紹介する。

武蔵野台地の新田は地味が悪く、ぬかや灰など肥料がたくさん必要である。また、農業以外の物産はない。このため、旧幕時代のおわりには貢租のなかから肥料代の一部がさしひかれるといった保護をうけたが、それでもつぶれて他所へうつっていく農民が多くおり、村高にくらべて戸数がすくなく、古田の三分の一にも足りない。新田では地力が低いため、麦を一年おきに作付けするありさまだから、持ち高が五石のものでも、古田の二石のものよりも収穫がおとる。近年は諸物価が高くなったために、困窮した百姓は施肥もじゅうぶんにできないので、当然に減収となっている。そのうえ近年は不作つづきであり、来年の麦の収穫までの食料がないものも多く、困窮しきっている。

どうか憐愍《れんみん》をもって、古田と新田とを区別し、新田は貯穀を全面的に免除するよう歎願する。

この嘆願書をうけた県側は、あらためて勧農方荒木源左衛門を田無へ出張させ、全面的な免除はできないとして十三か村の村役人と折衝させた。その結果、両者の間に妥協案ができた。関前の本村新田の場合、もとの規定どおりだと積穀の量が七石二斗八升であったが、この案では約三分の一の二石五斗七升となっていた。ところが、県知事古賀定雄はこの妥協案を認めず、荒木を免職させるとともに、別の役人を送って、はじめの規定どおり出穀するように命じた。人民の願いに押されて出穀高を減少するようでは、規則の威厳が保てず、統治に差支えるというのがその理由である。これは一二月一八日で、田無新田はこのとき運動から脱落していた。

県の態度の豹変に驚いた十二か村の代表は、一二月二〇日に関前新田の真蔵院に集まって議定書をつくった。その内容は、あくまで歎願運動をつづけること、その費用は村高におうじて負担すること、十二か新田の結束を守り、別行動をとったり裏切り行為をしたりしないこと、というものであった。こうして、回答期限の一二月二一日に、十二か村は県庁にたいしてさきの妥協案を実行するようにと返答した。

返答をうけた県庁は一二月二四日に関前新田の名主忠左衛門、上保谷新田の名主伊左衛門、野中新田の名主定右衛門にたいして、県庁に出頭するように命じた。定右衛門は病気のため、当日は息子の忠造と組頭の権兵衛が代わりとなり、四人が県庁へ出頭したが、県側は当日も翌日もなんの取調べもしなかった。二六日の夕刻になって、県知事古賀定雄以下の最高幹部が列席するところへ四人は呼びだされ、農民全体が社倉に出穀するようしゅじゅ説諭されたが、小前農民の反対の強さを知る四人はそれをうけいれなかった。

怒った県側は、忠左衛門と伊左衛門の二人を宿預け（旅宿へ監禁すること）に処するとともに、忠造と権兵衛の二人には県の意向を伝えるために村にもどり、二八日にはまた県庁へ返ってくるように命じた。

県の意向とやり口に怒った十二か村の村役人は、ふたたび真蔵院に集まり、もはや代表による歎願という穏やかな方法では要求を実現できないと判断し、二八日には小前一同が集団で品川県庁へ直訴することを決定した。当日は蓑笠をつけ二、三日分の弁当をもった十二か村の農民が田無村に集まり、県庁めざしてくりだしはじめるが、動静をみるため田無村へきていた県の勧農方の役人福永忠太郎らは、田無村の村役人を通じると同時に、自らも直接に農民にたいし、嘆願の趣旨はかならず聞きとどけ、かつ宿預けの二人の名主もすぐ帰村できるようにとりはかると説得し、どうにか農民の直接行動をひきとめた（第一回門訴事件）。

しかし、県庁はすぐには何の対応もとらなかった。明治三年一月六日の夜になり、県庁は十二か村の村役人全員が翌日に県庁へ出頭するよう通知してきた。村役人が出頭したのは八日になってからのようだが、県側は当初の規則どおり出穀せよとくりかえすばかりで、当日はものわかれにおわった。九日にも同じやりとりがなされるが、村役人側が小前とよく相談して一月二五日までに返答すると答えたため、県側は忠左衛門ら二人の宿預けをとき、全員が一〇日に帰村することを許した。

ところが、十二か村の地元では、いろいろの風説もとびかったために、農民の怒りが爆発点に達した。県当局が二度までも農民を欺くだけでなく、村役人を監禁する以上は、農民が大挙して県庁へ押しかけ、直訴する以外にないということになる。中心となっていたのは、年末から父親を捕らえられていた忠左衛門の息子庄司（荘司）と伊左衛門の息子虎之助であったという。

蓑笠をつけ四、五日分の弁当をもって田無村へ集まれという回状をうけた十二か村の農民は一月一〇日午後四時ころに集結し、日本橋へむけてくりだした。その数は数千とも八百とも三百とも書かれているが、当時における十二か村の戸数が五百数十であることから判断すると、大きい数字は信憑性がないだろう。

農民が行動を起こしたことを知った帰村途中の村役人らは、内藤新宿の名主高松喜兵衛に依頼して、農民の隊列を阻止するように沿道の村々へ通知してもらう。喜兵衛はその手配をすると同時に、品川県庁やその他へも情勢を報告した。

農民の隊列は中野村の阻止線を突破して青梅街道をすすんだが、神田川にかかる淀橋で遮られた。このため、ひきかえして一隊は中野から北に廻り、高田馬場、雑司ケ谷、小石川をへて、日本橋の品川県庁に達した。百名くらいではなかったかと推定される。蓑笠すがたで門前にたった農民は、「どうか慈悲をもって、社倉積立てを全員免除してほしい」と歎願する。門内からは農民を門内へひきいれようと誘うが、農民は挑発にのらなかった。門前で歎願するのが門訴であり、門内へ入ると強訴として取締まりの対象となるからである。すると、待機していた兵士が門を開いて抜刀して農民に襲いかかった。意外な展開に驚いた農民は蜘蛛の子をちらすように逃げるが、真っ暗なうえに地理を知らないために五十人前後が捕らえられたといわれる。註

一月一三日から事件の首謀者の逮捕がはじめられる。この日捕らえられたのは上保谷新田の元右衛門である。古賀知事は一月一五日に新宿、次いで田無などに出張して自ら取り調べにあたるとともに、つぎつぎと首謀者を逮捕していく。

註　上保谷新田の名主伊左衛門は一月一四日に品川県庁へ行き、捕らえられている農民の貰いさげをするが、このとき同村では五名が捕らえられており、うち二人が親子であった。また、一月一五日に十二村惣代として忠左衛門、定右衛門の名で仮入牢者に差し入れがされるが、そのときの入牢者は二十八名であった。

一月一八日には県庁は関係の村々に「告諭」と題する高札をたてさせる。それは「汝その地方十二か村のものども、慎んで県庁厳戒告諭する処の旨を聞け」という高圧的な言葉ではじまるものであった。だが、定右衛門（野中新田）、忠左衛門（関前新田）、伊左衛門（上保谷新田）、治助（内藤新田）、弥左衛門（大沼田新田）、八右衛門（野中新田）、元右衛門、国五郎（ともに上保谷新田）の八名を「神明を憚らず民心を惑乱する」ものとして厳しく非難する反面、「煽動された」小前には罪がないとしている点が注目される。

表３－２－２　門訴事件判決結果一覧表明治４年（1871年）２月27日

村名	役名	名前	処罰	理由
上保谷新田	組頭	元右衛門	徒3か年	伊左衛門倅寅之助に頼まれ明治3年正月10日強訴し逃げ去り、伊左衛門穴蔵に隠れていた始末、不届により
上保谷新田	名主	伊左衛門	名主役取放の上・杖70	野中新田定右衛門から頭取を頼まれ承諾しなかったとはいえ、始終の挙動不届により
内藤新田	名主	治助	名主役取放の上・苔30	定右衛門取次の意にまかせ、徒党連判し、強訴の始末に至り不埒により
大沼田新田	名主	弥左衛門	同上・同上	同上
梶野新田	名主	藤三郎	同上・同上	徒党連判に調印し、不埒により
柳窪新田	名主	惣次郎	同上・同上	同上
関野新田	名主	清十郎	同上・屹度御叱	老衰とはいいながら倅邦蔵を名代として徒党連判し、不埒により
〃	組頭	富蔵	組頭役取放・屹度御叱	邦蔵へ差添ながら心得方無念につき
〃	清十郎倅	邦蔵	屹度御叱	親清十郎の名代とはいいながら、徒党連判に調印し不埒につき
野中新田	六左衛門組組頭	喜三郎	組頭役取放・屹度御叱	徒党連判に調印し、不埒につき
〃	善左衛門組組頭	藤右衛門	同上・同上	同上
鈴木新田	組頭	竜平	同上・同上	同上

大沼田新田	組頭	半兵衛	同上・同上	同上
戸倉新田	年寄	市三郎	年寄役取放・同上	同上
野中新田	百姓代	八右衛門	百姓代取放・同上	百姓代を勤めながら、門訴に加わり、苦情申立、不埒につき

出典『市史続史料編』一

逮捕・入牢したものは右の八人よりも多かったようでもあるが、それらにたいする取調べは厳酷をきわめた。そのうちの定右衛門（野中新田名主）、六兵衛（内藤新田年寄）らは牢死した。その他、重病となり宿預けや村預けになるものも続出した。関前新田の名主忠左衛門は宿預け中の明治三年二月一八日に病死した。

事件の首謀者にたいする判決は明治四年二月二七日に品川県庁で下された。その内容は表3－2－2のとおりであった。後述するように弾正台《だんじょうだい》が品川県の対応に疑いをもち、古賀県知事らの審問をしたという状況が、取調べの過酷さとは対照的に判決内容を軽くしたとみてよいだろう。知事の古賀定雄はその五月二八日に佐賀藩大参事に降格された。

これよりさき、明治三年五月に弾正台は県知事古賀定雄と大参事牟田口幸太郎らの取調べをしている。これは関野新田の名主の息子邦蔵[註]ら農民の側から訴えをうけて行政監察を兼掌する弾正台がのりだしたもので、社倉制度は県の発案か、県の役人が農民を欺く発言をしたのはなぜか、荒木などの県の役人はなぜ辞職したかといったことから、門訴当日に警備兵が抜刀していたか、伊左衛門の息子の虎之助の消息をききだすために伊左衛門の妻を拷問したかどうかといったことにまでおよんでいる。古賀知事らの答えが逃げ口上のままでおわったためか、弾正台から報告をうけた太政官はすぐにはなんの処置もとらなかったようである。

註　この五、六年後に第十一大区四小区の副戸長、ついで戸長を勤める島田邦蔵はこの人である。

門訴の実際の首謀者である庄司と虎之助という二人の名主の息子は逃亡して消息を絶ったが、庄司は明治三年閏一〇月に隠れていた駿河国吉原在の源立寺で病死したことが、のちになって寺から伝えられてきた。父忠左衛門の死におくれること約九か月であった。一方の虎之助はいつのことかよくわからないが数年後に無事に帰宅し、その後に保谷村会議員、北足立郡郡会議員、保谷村長（東京府へ移管後である）などを歴任すると同時に、産業の面でも手広い農業や肥料商、伸銅業などに従事して、まさに八面六臂の活躍をする。『武蔵野市百年史』にも一、二度は名前がでる平井周作が、その人である。

社倉騒動は十二か村の農民に莫大な損害をのこした。牢死ないし準牢死したもの、入牢して家業を行えなかったもの、拷問を受けたものなど、人的な被害のほかに、事件のために直接かかった費用もけっこうな額になった。しかし、いまはそれにはたちいらない。

関前村の忠左衛門組（本田と新田をふくむ）の農民は、名主井口家を「守護」していくという連印の誓約状を、事件の判決があった直後（あとつぎの庄司の死亡はまだ知られていない）の明治四年三月につくっている。すくなくとも関前村では、この時期には名主を頂点とする農民層の結束がまだかなり強かったことがわかる。

門訴事件における農民層の運動の構造は、いままでみてきたくらいのことしかわからない。また、そうした県役所への反対運動が、なぜ十二の新田村だけにかぎられ、その他の村々ではほとんど反対の動きがなかったのかも、実はよくわからない。しかし、慶応二年(一八六六)の武州一揆にみられるように、貧民が富農の家を打ちこわす世直しの状況とは異なっていたことはたしかといってよいだろう。[註]

註　ややのちの明治九年一〇月の時点の記録では、上保谷新田百一町三反二畝(宅地三町三反四畝、畑六十町一反七畝、林三十七町八反一畝)のうち、戸長の平井伊左衛門は二十一町歩強(宅地七反歩強、畑十二町歩弱、林九町歩弱)を所有していたという。この六、七年の間に土地所有状況の変動があったかもしれないが、上保谷新田の場合には貧富の差が関前村などよりはるかに大きかったことはたしかである。

最後に、品川県の社倉制度のその後について一言する。それは明治三年と四年の二年間だけ実施された。農民の出穀高を関前村(本田・新田とも)についてみると、二年間とも米二石五斗四升余であり、明治二年一二月はじめの、県と十三の新田との間の妥協案とほぼ同じ額であった。その意味では、門訴事件が成果をあげたといえなくもない(犠牲の大きさを考えると空しく聞こえるが)。ただ、明治三年と比べると、明治四年の方が負担が均等化されるという違いがあった。つまり持ち高の大きい富んだ農民の負担が軽くなっていたわけである。また、明治四年は米一斗四升につき金一両という割で金納された。

農民がおさめた金銭は、利子をとって一定の商人に貸しつけられたが、農民にたいしては明治一一年以後に神奈川県から元金だけが少しずつ返還された。武蔵野地域の村々では、その金を小学校の借入金の返済などにあてたという。現在、八幡町の井口家の近くに五日市街道に面してたつ門訴事件の記念碑は、明治二七年に建てられたものだが、これもその社倉の返戻金によるものである。

第三節　大区小区制

明治五年（一八七二）一〇月に、その当時地方行政を担当していた大蔵省が、区を統括するために「一区に区長一人、小区に副区長等差置候儀は不レ苦候」と達した（達しには大区という言葉は使われていないが）ことにはじまる大区小区制は、府県の下の行政区画を定めた明治維新以後における最初の制度であるといってよいかもしれない。しかし、その発端は地方制度とは別の戸籍法にあった。しかも、それは中央政府が一定の方針にもとづいて定めたものではないため、府県によって時期の点でも内容の点でもまちまちの形で実施されただけでなく、その形成の過程についてあいまいな部分がのこっている。

明治四年四月に政府は戸籍法を制定し、新しく戸籍をつくることを定めた。その戸籍は宗門人別帳とはちがって、人民の戸数、人口、生死、転出入を身分族籍にかかわりなく、居住地にしたがって記載しようとしている点で、画期的な新しさをもっていた。戸籍法はこの戸籍を作成・管理する単位としてあらたに区をもうけ、区に戸長、副戸長をおくと規定していたが、区はたとえば四、五町ないし七、八村に一区、戸長、副戸長は従来の名主などでもよいしそうでなくてもよいとしており、区の範囲や正副戸長の人選は府県の自主性にまかせていた。

品川県は番組をそのまま区としたが、このことからも推察されるように、新しくできた戸長、副戸長はたんなる戸籍吏ではなくて、漸次行政機関としての性格をおびていった。全国でこうした動向が進行するなかで、明治五年四月に太政官は「荘屋、名主、年寄等、都《すべ》て相廃止、戸長、副戸長と改称し、是迄取扱来り候事務は勿論、土地人民に関係の事件は一切為二取扱一候様可レ致事」という布告をだした。

　この太政官布告は府県によってはちがったうけとり方がされたようだが、神奈川県ではそれにもとづいて従来からの町村役人を戸長、副戸長へ改編し、これに戸籍をふくめたいっさいの町村事務を行わせ、戸籍法上の正副戸長は廃止したようである。

　明治五年一〇月の大蔵省の達しをうけて、神奈川県は明治六年四月に「区画改正の大略」を定め、その五月より実施した。それによると、県下を二十区にわけ、区の下に石高二千石を標準として百八の番組をおいた。区には「区長一人を置、副区長は組々戸長の内にて相心得」云々とされる。ところが、番組の長についてはなんの規定もなく、そのあとに村々正副戸長は「是迄の通可二相心得一候」とある。区に正副区長、村に正副戸長がおかれることは確かだと考えられるが、番組にも戸長がおかれるのかどうか、どう理解してよいか苦しまないわけにいかない。

　それはともかくも、この「区画改正の大略」によると、正副の区長、戸長は任期四年(再選可能)で、正副戸長は後述する代議人の選挙で選ばれ、正副区長は正副戸長によって選挙されることになっていた。ただ、初回だけは正副区長は県庁が人選するとされていた。また、正副区長、戸長は、かくべつに人望があるものは例外として認められるが、持ち高十石以上であることが条件とされていた。

しかし、それ以上に注目されることは、区と番組は(「区内并に組々」とあるからこう理解するしかないと思われるが)管内に会所をおき、区長以下はそれぞれそこへ出勤して事務をとりあつかうものとされた。これには、当分は寺院などを使ってもよいというただし書きがついていたが、役所を区長などの私宅からきり離している点では、歴史上画期的な意味をもつといってよいだろう(ただし町村の戸長も私宅とは別に役所をもうけよといっているのかどうか、私にはよくわからない)。

正副戸長を選挙する代議人は、小前百戸について五人の割で選挙されることに定められていたが、その選挙が実際に行われたのは、明治七年の六月ないし七月で、後述するように区―番組制が大区―小区制と改称されるころである。しかし、そのまえに区―番組制に重大な変更が加えられた。

神奈川県は明治六年一二月に町村の正副戸長を廃止し、それまで町村がとりあつかってきた事務を、書類とともに番組に移管させた。この命令には、冒頭に「先般番組戸長、副戸長、更に選挙」とあるが、この「先般」がいつのことかわからない。ともかく正副戸長は番組のそれとなり、町村は行政区画としての性格をうしなったわけである。

この重要な変更をうけたのちの明治七年六月に、区が大区に、番組が小区に改称されて、大区―小区制が成立する。大区に正副区長が、小区に正副戸長がおかれた点では変わりがないが、県下が二十大区、百八十二小区とされた(明治九年に足柄県が吸収されたのちには、二十三大区、二百八小区となる)。

武蔵野四か村についてみると、戸籍法の施行当時、品川県では番組がそのまま区とされたが、神奈川県下では吉祥寺村が第四十七区、西窪、関前、境の三か村は第四十九区に属した。明治五年一一月に吉祥寺村がだしたある文書には、副戸長本橋与左衛門という署名があるから、名主、年寄といった名称はなくなっていることがわかる（同村の場合、四人以上の名主をおくというもとの議定により、戸長をおかず副戸長を数人おいていた可能性が高い）。

明治六年五月の区・番組制とともに、四か村は第十一区二番組となり、明治七年六月からは第十一大区四小区となった。いま、第十一大区の小区および村を表にすると表3－3－1のようになる。梶野新田は境村の西に、関野新田はそのまた西にあるから、四小区は南北は狭く、東西は長いという形をしていた。会所はほぼ中央の関前村におかれたといわれるが、はっきりとした資料はのこっていない。あるいはこのときからすでに延命寺の本堂の一部が借用されていたのであろうか。

第二番組－第四小区の戸長、副戸長については、『市史』に表3－3－2のような在職表（左端の年月は在職が確認される年月である）、および表3－3－3のような持ち高、経歴表がでているので紹介しておく。大区・小区制のもとでの小区や正副戸長のことは、この程度のことしかわからない。

第十一区（第十一大区）の正副区長には、はじめ下田半十郎（田無村）が区長、小川弥次郎（小川新田）が副区長に就任した。しかし、なにか不始末があったため、彼らは明治七年二月末に依願退職し、一時は第八区長石坂昌孝が区長を兼任していたが、明治七年四月になって田無の下田半兵衛が区長に選ばれた[註]（副区長は不明）。

註　下田半兵衛・半十郎父子の関係を説明するため、一七三〇年代から代々田無の名主を務めた下田家のことを簡

表３－３－１　神奈川県第11大区村名一覧

小区名	村数	戸長役場設置村	所属村名
1小区	4	野中新田善左衛門組	大沼田新田、鈴木新田、野中新田善左衛門組、野中新田与右衛門組
2小区	3	上小金井村	貫井村、上小金井村、下小金井村
3小区	8	牟礼村	牟礼村、新川村、上仙川村、中仙川村、北野村、上連雀村、下連雀村、井口新田
4小区	6	関前村	吉祥寺村、西窪村、関前村、関野新田、梶野新田、境村
5小区	3	田無村	田無村、南沢村、柳窪新田
6小区	7	前沢村	柳窪村、前沢新田、神山村、門前村、小山村、下里村、落合村
7小区	8	中清戸村	下清戸村、上清戸村、中清戸村、清戸下宿、中里村、野塩村、日比田村、南秋津村
8小区	3	野口村	久米川村、廻り田村、野口村
9小区	6	小川村	小川新田、小川村、榎戸新田、野中新田六左衛門組、平兵衛新田、廻り田新田
10小区	6	高木村	狭山村、高木村、清水村、蔵敷村、奈良橋村、芋窪村

（注）明治11年1月「神奈川県警察地名鑑」（森家文書）、神奈川県議会「神奈川県会史」（第1巻）より作成

出典『市史』

表３－３－２　第11大区４小区の三役変遷一覧

	戸長		副戸長	
	氏名	出身村名	氏名	出身村名
明治7年4月			梶野藤五郎	梶野新田
7・7	井野紋右衛門	西窪村		
8・4			島田邦造	関野新田
8・11	安藤七郎	吉祥寺村		
9・4			秋本喜七	境村
9・6	島田邦造	関野新田		
9・11.			平野謙太郎	境村

出典『市史』

表３－３－３　第１１大区４小区戸長・副戸長の経歴

氏名	職業	出身村名	職名	持高	農間商	経歴家柄
井野紋右衛門	農	西窪村	戸長	9石1508	質屋職	元西窪村名主
梶野藤五郎		梶野新田	副戸長			元梶野新田名主
島田邦造		関野新田	副戸長・戸長			元関野新田名主
安藤七郎	農	吉祥寺村	戸長	7，5035	肥物商	元吉祥寺村年寄
秋本喜七	質屋	境村	副戸長	13，8960		元境村年寄
平野謙太郎	農	境村	副戸長	14，2560	酒食商	父・斧右衛門境村年寄

（注）持高・農間商は明治5年の記録である
出典『市史』

単にのべておく。下田家は質屋、穀物商として経済力を伸し、一九世紀前半には急速に土地を集積した。その持ち高は一八二〇年代半ばに八十石余、四〇年代に百石、一八六三年（文久三）には百九十石余となっていた。

当主は代々半兵衛と称したが、幕末から明治初年の時期の当主の実名と別名は別記のようになっている。第十一（大）区長は初め若い富栄が当たったが、のちに富潤にかわったということである。

実名	富永	富宅	富潤	富栄
別名	蘇仙 万蔵	半千 弥三郎	範三 勘蔵 三右衛門	半十郎 三右衛門
没年	嘉永三年（一八五〇年）	万延元年（一八六〇年）		明治二五年（一八九二年）

大区小区制の実施、より正確にいうと、その前段階としての明治六年一二月における番組制の変革によって、徳川時代からつづいた町村は行政区画としての性格をうしなったとみてよい。しかし、正副戸長の選挙人としての代議人は町村の単位で存続しつづけただけでなく、明治七年三月ころには、新しく町村用掛りが設置された。この用掛りは名主にかわるものであり、各町村に一人であったが、名主が複数の場合もあったように、複数存在することもあったようである。徳川時代からつづく町村は末端の行政組織として、それなりの役割を担うことが期待されたのであろう。

この町村用掛りは、当初は区・戸長によって選任されたが、明治七年一〇月からは、正副戸長と同じように、代議人によって選挙されることになった。『市史』には四か村の村用掛りとして表3－3－4のような表がでているので転載しておく（『神奈川県史』資料編には、明治七年三月に井野宇（卯）左衛門が西窪の村用掛りに選任されたとある。この明治七年三月が村用掛りが資料にでてくる最初である）。

代議人は区・番組制の実施とともに、町村の正副戸長を選挙するものとして設けられたが、代議人の選挙そのものは、明治七年六月に大区・小区制が施行されるころになってやっと実行されたということは、さきにふれた。正確にいうと、町村における代議人の数は五十戸まで二人、六十戸まで三人、八十戸まで四人、百戸まで五人という割合で、小前の投票によって選ばれることになっていた。

明治八年一〇月になって、神奈川県は代議人選挙規則を制定した。これによって、第一に選挙人、被選挙人の資格などが明確にされる。その資格は、その町村に本籍がある満二十歳以上の男子の戸主であり、土地所有などは条件となっていない（第二条）。また、代議人の任期は二年で、二年ごとに改選される。

第二に、代議人の数が著しく増加された。つまり、五十戸より百戸までの町村は十五人、百戸より二百戸までは二十人、二百戸より三百戸までは二十五人、三百戸以上は三十人である（第一条）。この増加は、すぐあとでみるような代議人の職務を重要視し、代議人を通じて一般農民の利益を擁護しようとしたためだといってよいだろう。

第三に、代議人の職責が明らかにされた。第四条によれば、代議人は決して町村用掛りの代理ないし補助者で

表３－３－４　第11大区４小区の三役変遷一覧

	村用掛り			
	吉祥寺村	西窪村	関前村	境村
明治7年7月			田中甚之助	清本仲右衛門 秋本喜七
7・12	安藤七郎			
8・8			井口一太郎	平野謙太郎
8・11.	池田八右衛門	井野卯左衛門	伊藤平次郎	
9・4	松井十八郎		伊藤平次郎 秋本安五郎	
9・7			伊藤平次郎	
10.・7				吉野金太郎
10.・9			井口一太郎	
10.・12	本橋与左衛門			
11・6	安藤七郎			平野謙太郎

出典『市史』

はなくて、町村の租税の賦課方法を相談し、その使用方法を検査して、町村人民の疑念が生じないようにするものである。つまり、代議人はかつての百姓代にあたるものであり、町村の行政が公平に行われているかどうかを村民を代表して監視するべきものだというわけである。

このように、明治八年一〇月には各町村の代議人が増加されると同時に、その職責が明確にされたが、神奈川県ではその直後から代議人によって構成される小区会議がいわゆる民会の一環として開かれるようになる。その具体的状況は明らかではないが、人民によって選挙されたものによる会議であった点は注目されてよい。

武蔵野四か村における代議人の名簿といっ

たものはない。しかし、明治八年一一月につくられた各村の地租改正従事者の書上げは、代議人と関連して注目される。吉祥寺村と関前村の場合には村用掛りと一部の代議人とで地租改正を実施した。これにたいして、西窪村の場合は三人の担当人を別にきめ、それと村用掛りと二人の代議人が地租改正に従事した。境村の場合は、明治七年九月の代議人選挙のさいに不明朗なこと（村用掛りの息子が当選し、公務の担い手を分散するという原則が犯されたことのようである）があったのが原因で、その善後措置のため十六名の「重立人《おもだち》」が生まれたが、その人たちが地租改正の中心となったようである表3－3－5は右にでてくる人々の名前と肩書きを表にしたものである。

ところが、明治一〇年八月に神奈川県は町村総代人規則をつくって、代議人を廃止し町村総代人兼小区会議員をもうけた。これは前年一〇月に太政官がだした各区町村金穀公借共有物取扱土木起功規則によって、町村が金穀を公借し、共有の地所建物を売買し、または土木を起工するときには、正副の区戸長だけでなく、町村内の不動産所有者の六割以上の連印が必要である、とされたのに原因がある。代議人がこの規則のいう不動産所有者の総代に転化されたものとみてよい（総代という言葉はふつうの町村の場合にはでてこないが、区の場合には、「区内毎町村の総代二名ずつの内六割以上の連印」となっている）。

この結果、町村総代人の選挙・被選挙資格には、新しく町村内に不動産を所有し、国税または県税を納めるという条件がくわわる（第三条）。また、総代人の数は百戸までは二人、それ以上百戸を増すごとに一人を増すというように（第二条）、ふたたびいちじるしく縮小されることになった。

表３－３－５　地租改正事業の実行者氏名一覧

吉祥寺村	西窪村	関前村	境村
村用掛り 安藤七郎	担当人 桜井代五郎	代議人 井口六之助	重立人 高橋定五郎
同 本橋与左衛門	同 桜井伝兵衛	同 中村岡右衛門	同 後藤銀五郎
代議人 小美濃次郎右衛門	同 岡田磯吉	同 秋本安五郎	同 吉野伊八
同 石川重右衛門	代議人 利根河貞蔵	同 桜井今五郎	同 高橋沖五郎
同 河田万右衛門	同 下田郷左衛門	同 榎本藤吉	同 田中重治郎
同 茂木与三郎	村用掛り 井野卯左衛門	同 田中甚之助	同 猿渡八三郎
同 池田由右衛門		同 大坂長四郎	同 高橋兼吉
同 安藤重蔵		同 桜井吉五郎	同 花坂国太郎
同 秋山善左衛門		同 岩崎源蔵	同 土屋七左衛門
同 富岡喜三郎		同 岩崎沢四郎	同 吉野常五郎
同 高橋繁右衛門		同 桜井銕五郎	同 大谷藤五郎
同 富岡半兵衛		同 岩崎万蔵	同 高橋喜一
		村用掛り 伊藤平次郎	同 新倉長兵衛
			同 平野謙太郎
			同 吉野金太郎
			同 下田与八

出典『市史』

不動産の所有者であることが条件となり、人員を削減されたことによって、町村総代人は代議人からある程度性格がかわったといってよい。しかし、町村総代人はそのまま小区会議の議員とされただけでなくて、その中から互選して三百戸に一人の議員を選出し、大区会を構成するとされた。しかも、明治一一年のはじめになると、各大区会から二人を選出して県会が開設されることになる。大区会や県会は間接選挙ではあったが、ともかく正副区長や戸長などの役人ではなくて、人民から選挙された人々による会議が、小区から県のレベルまで設置されることになった点は、注目してよいだろう。その会議が実際に開かれ、なにをしたかはわからないけれども。

武蔵野四か村についてみると、池田八右衛門の履歴書によって、彼が明治一〇年一〇月に吉祥寺村総代人に公選され、翌一一年二月に第十一大区議員に公選（間接選挙のことであろう）されたことがわかる。これらの事実から、『神奈川県史』に記述されていることは、武蔵野地域でもいちおうは実行されていたと考えられるが、それ以上具体的なことは残念ながらわからないといわなければならない。

第四節　土地所有の状況

関前村、同新田はやや別だが、吉祥寺村や西窪村では、一七世紀における検地よりのちには、個人の土地所有の状況を示す資料がなかった。境村となると、これにかかわる記録がまったくなかった。ところが、明治初年になると、四か村における土地所有の状況がわかる。『市史』に表3－4－1のような表がでている。このうちの吉祥寺についての資料は、市史『続資料編三』にのっているが、その他の三か村については、これ以上たしかめる方法がないので、ここではこの表を手かがりにして、地租改正の直前における土地所有の状況をみておくことにしよう。

『市史』は、吉祥寺と境が一つの型を、西窪と関前がもう一つの型を示しており、前者が農民層における階層分化がかなり進行したものであるのにたいして、後者はそれがそれほど進行していないものであると区別している。この特徴づけはかならずしも間違っているとはいえない。しかし、よくみると、吉祥寺は境と、西窪は関前とかなり異なっており、逆にむしろ境と関前とが、吉祥寺と西窪とが類似した面もあって、単純に二つの型にわけにくい点もある。

いま状況をわかりやすくするために、かりに三町歩以上の土地所有者を上層、一町歩以上三町歩未満を中層、一町歩未満を下層と分類してみよう。かりにというのは、ここでの上層はかならずしも全国的規模では上層農民とは分類しにくいが、武蔵野地域内の状況を知るために、かりに三つにわけたということである。そうすると四か村におけるそれぞれの層の比率は表3－4－2のようになる。

まず、下層をみると、もっとも多いのが境の六十七パーセント、つぎが吉祥寺の五十パーセントであり、すくないのは西窪の三十六パーセント、つぎが関前の四十五パーセントとなっている。

つぎに中層をみると、もっともすくないのが境の二十二パーセント、つぎが吉祥寺の三十パーセントで、西窪と関前は約四十八パーセントでならんでいる。

最後に上層をみると、もっともすくないのが関前の七・七パーセント、つぎが境の十・三パーセント、つぎが西窪の十五・九パーセントで、もっとも多いのが吉祥寺の十九・五パーセントとなっている。

これをみるとわかるように、貧富の差がもっとも小さいのは西窪である。西窪の場合には一七世紀後半に村ができたときに、土地所有における均分主義がもっとも徹底した形であらわれていたが、その傾向が二世紀をへた明治初年にも、まだ名残りをとどめていたといってよいだろう。

これにたいして、関前の場合は、中層がもっとも多い点では西窪と同じだが、下層もけっこう多く、中層と下層で九十二パーセント以上を占め、上層は四か村のなかで最低の比率となっている。つまり、関前は全体として貧しいということになる。

境の場合は、下層が圧倒的に多く、逆に中層の比率は四か村の最低であるが、上層の比率も関前のつぎにすく

表３－４－１　四か村の土地所有状況　明治5年（1892年）

	吉祥寺村	西窪村	関前村	境村
10町以上	2人（0.9）%	0人（0）%	0人（0）%	1人（0.8）%
5町以上10町未満	12（5.7）	3（6.8）	3（4.6）	4（3.2）
3町～5町　〃	27（12.8）	4（9.1）	2（3.1）	8（6.3）
1町～3町　〃	63（29.9）	21（47.7）	31（47.7）	28（22.2）
6反～1町　〃	25（11.8）	8（18.2）	8（12.3）	14（11.1）
3反～6反　〃	23（10.9）	4（9.1）	12（18.5）	18（14.3）
3反未満	59（28.0）	4（9.1）	9（13.8）	53（42.1）
合計	211（100.0）	44（100.0）	65（100.0）	126（100.0）

（注）吉祥寺村は「明治6年（1873年）・反別小前帳」（河田家所蔵）、西窪村・関前村・境村は「明治5年の統計資料」より作成

出典『市史』・『市史続史料編』三

表３－４－２　明治５／６年土地所有状況

	吉祥寺村	西窪村	関前村	境村
上層（3町歩以上）	19.43%	15.91%	7.69%	10.32%
中層（1町歩～3町歩）	29.86	47.73	47.69	22.22
下層（1町歩未満）	50.71	36.36	44.62	67.46

（注）表３－４－１から作成

ない。つまり農民が上層と下層に両極分化したというよりは、下層が一方的に増加したといってよい状態である。

これにはんして、吉祥寺の場合には、上層が二割、中層が三割、下層が五割という比率になっている。これは農民の間で貧富の階層分化が進行しながらも、上層、中層、下層がそれなりにバランスを保っている状態にあるといってよいだろう。

明治の初年、地租改正の直前における四か村の土地所有の状況はほぼこのようなものであった。相互に近接し、ともに畑だけの農業中心の村であったにもかかわらず、土地の所有状況という点からみると，四つの村がそれぞれ他とちがう特徴をもっていたわけである。この特徴はおそらく一八世紀半ばに村々の境域ができあがるころにすでに萌芽があらわれ、それが幕末・明治初年に明確化し、この地域での農業生産が縮小しはじめるころまでつづいたものとみてよいだろう。

第五節　地租改正

ここで、地租改正のことをのべることにしよう。明治六年七月の地租改正条例にもとづいて実施された地租改正は、一面では土地にたいする租税制度を近代化すると同時に、他面では土地にたいする近代的な所有権を確立したものである。その意味で、地租改正は明治五年八月の学制、明治六年一月の徴兵令とともに、明治の新政を代表する三大改革といわれている。

明治維新以後、とくに廃藩置県後になると、明治四年九月の田畑勝手作の許可とか、明治五年二月の田畑永代売買禁止の撤廃などのように、土地にかかわる封建的な制約がじょじょに廃止されるとともに、土地の私的所有権を確認する地券制度も、明治四年一二月における東京府下をかわきりに、だんだん全国に拡げられるようになった。しかし、その段階になっても、土地についての租税制度は徳川時代のものがほぼそのまま維持されていた。

この点で注目されるのが、明治五年一一月の日づけのある、吉祥寺村の「畑永増税請書」である。「畑永」とあるが、畑と屋敷をふくむ有租地の本年度増税額についての請書である。その書式をいうと、従来どおり本村と新田をわけ、まずこれまでと同じ有租地総面積、租税総額を書き、そのあとにうちわけとして、上畑、中畑、下畑、屋敷、屋敷成《やしきなり》それぞれの面積、石盛、反あたり税額、総税額を記し、このそれぞれについて今年度増税額を書き加えている。増税額はもともと税額の高い屋敷は五十パーセント、畑は百パーセント強で、これまで税額がもっとも低かった下畑が百一・三六パーセントで増税率がもっとも高くなっている。つまり、基準額は従来どおりで、それに物価上昇分として五十パーセントから百パーセント強の増税額を加えているわけである。念のため総額を計算してみると、本村と新田をあわせて基準額は永百七十五貫七百二十文余、増税額は永百七十五貫七百五十文余となる。この総計永三百五十貫文がなん円なん銭になったかは興味をひくが、それについてはなにもわからない。

ついでにのべておくと、この文書のあて名は神奈川県権令大江卓であるが、差出し人は徳川時代とまったく同じように武州多摩郡吉祥寺村となっており、その署名者は小前惣代三角勘右衛門と副戸長本橋与左衛門である。この明治五年一一月には、名主などの名称の廃止にともない、もとの名主にあたるものが副戸長と称していたようである。

地租改正は、(1)徳川時代における土地の租税の不統一、つまり地域による税額の差異や都会と農村との間における不均衡を是正し、人民の負担を公平にすること、(2)豊作・凶作などによる変動をなくして、土地からの租税収入の安定を図ること、(3)租税をすべて金納とし、現物を輸送したり売却したりする手間を省くこと、などを目標として実行された。

その主な内容は次のとおりである。

（1）土地の租税はそれぞれの土地の地価を基準として課税すること（明治七年の地租改正条例追加によって、地価は五年ごとに見直されることとなったが、結局この見直しは行われず、明治一七年にこの規定も廃止された）

（2）地租は地価の百分の三とすること（明治九年に全国各地で大規模な地租改正反対一揆が頻発したため、明治一〇年一月に百分の二・五に減額された）

（3）地租はすべて金納とすること

などであった。なお、地租改正条例には、将来物品税の収入が増加してくれば、それにおうじて地租は地価の百分の一にまでひきさげると書かれていた。このことは、地租改正にあたり、政府が期待していた海関税の増収などが実現しないために、「旧来の歳入を減ぜざる」方針をとったが、それが地租の過半を納める農民にとって、かなりの負担となる点をじゅうぶん承知していたことを物語るといってよい（将来一分にまで減額するという規定も明治一七年に削除された）。

神奈川県における地租改正は、明治七年三月に着手され、耕地（田畑）と宅地については明治一一年の半ばに完了した。山林原野については、その後に開始され、明治一三年九月にいっさいの事業が完了した。『神奈川県史』によると、この地租改正によって、耕地の面積と租税額は表3－5－1のように変化した。つまり面積でいうと、田が約二十七パーセント、畑が約二十パーセント増加し、租税額でいうと、田方は約三十パーセントの減租、畑方は約二・八倍の増租、全体としては約五パーセントの増租となったとされる。

武蔵野地域については、畑と宅地の地租改正作業がおわった時点で、四か村における畑と宅地の総面積と総地価がどうなったかという結果はわかっているが、その経過については断片的な資料があるだけであり、個人別の結果はまったくわからない。

ここでは、はじめに『市史』を参照しながら、境村について、その経過の概略をみておくことにしよう。地租改正の作業は重立ち十六名に五名を加えてすすめられたが、その第一段階は土地の測量と所有者の確認である。村内の土地に一筆ごとに番号をつけ、所有者を確認するとともに面積を丈量するわけであり、測量には十字法が使われた。こうしてすべての土地に字、番号、地目、面積、所有者を書きいれた野帳と切絵図がつくられる。これが県の役人の検査をとおってほぼおわったのが明治八年八月である。

第二段階は、地価を決定する前提として、土地の地価等級を調査、決定することである。これには村の地位等級（A）を決めることと、村内の個々の土地の地位等級（B）を決めることの二面がある。これを決めるには、（a）近隣の村々のなかで「模範」村を定め、そのB、Aを決めたのちに、近隣の村々のA、Bを決めるやり方と、（b）個々の村がそのBを決めたのちに、官側がそれを集めて村々のA、Bを確定するやり方とがあったが、境村の場合は（b）が採られたと考えられている。また、Bを決めるさいに、（c）土地の収穫量を基準とするやり方と、（d）小作料を基準とするやり方があったが、境村では（d）がとられた。この場合には、自作の畑や自己の住む宅地は、賃貸したときを想定して等級が決められたわけである。

こうして、明治八年一二月までに、畑は七等級、宅地は二等級に区分し、それぞれの反別と小作料ないし地代額が決められた。表3－5－2の「一反の小作料」の左半がそれを表にしたものである。

表3－5－1　地租改正前後における耕地面積と租税額　―神奈川県―

	改正前	改正後	比率
田反別　（A） その租額（イ）	22,052町 29 666,408円	28,042町 91 465,329円	127.17% 69.83%
畑反別　（B） その租額（ロ）	65,611町 78 132,426円	79,043町 20 378,974円	120.47% 286.18%
（A）+（B） （イ）+（ロ）	87,664町 07 798,834円	107,086町 11 844,303円	122.16% 105.69%

出典『神奈川県紫通史編』4・「近代現代（1）」136ページから作成

ここまでの作業は、県庁の担当者の検査をうけながら、農民が農民の負担で実施した。ところが、このあとで官側が、従来どおりの地租額を確保するという政府の基本方針にしたがって、これに変更を加えた。それは等級区分、反別はそのままにして、それぞれの土地の小作料ないし地代額を増額するというやり方でなされた。表3－5－2の右端の数字がそれであり、明治九年三月のことである。よく知られているように、この五月に政府は地租改正に承服しないものにたいしては、地価を一方的に決定し、収税を命じるという太政官布告をだすが、その直前から和歌山、ついで茨城、三重などで地租改正反対の農民一揆が頻発した。

境村におけるその後の経過はわからないが、明治一一年六月づけの第十一大区四小区の各村別の畑と宅地の総反別、総地価表がある。表3－5－3は武蔵野四か村の数字をぬきだしたものである。これ以外の、たとえば(一)各村において等級別の畑と宅地の面積がどういう結果になっていたかとか、(二)各村において各個人がどの程度の畑と宅地を所有していたかとか、(三)この後に仕上げられた山林、原野の地租改正がどのような結果となったか、といったことは明らかでない。

ここで、表3―5―3の内容についていくらか説明しておく。表中の「林」は山林ではなく、それまで「林畑」などと呼ばれていたものの一部であろう。反あたり六十銭以下で、明治末からわかる山林の反あたり平均地価一円十六銭（民有有租地反別・地価表による）の半分以下だが、やはり畑の一種と考えられる。

各村別の畑（林をのぞく）、林、宅地の平均地価は、表3―5―4のようになる。参考のため梶野新田と関野新田の数字ものせてみたが、畑でも宅地でも、吉祥寺の平均地価が最高であり、そのあとに境、西窪、関前という順序でつづくことがわかる。

最後に、地租改正後における各村の畑および宅地の総面積が歴史的にみてどのように変化してきたかをみておこう。本項のはじめのほうで、神奈川県における田・畑の面積の変化についてのべたが武蔵野地域の場合はどうであったのであろうか。その場合、地租改正前における数字としてなにを使うかがけっこうむつかしい。

吉祥寺村については、本節のはじめにあげた明治五年の「畑永増税請書」の数字を使うと表3―5―5のようになる。宅地は四・三六倍となっているが、畑の面積はむしろ予想にはんして九十パーセントに縮小している。以前の畑の一部が山林にまわったのであろう。

西窪村については、地租改正前の数字としてよい資料がまったくないので、検地帳の数字を使うと、表3―5―6のような結果となる。吉祥寺村の例でも、屋敷成りを別にすると、検地帳の数字と明治五年の数字はほぼ変わっていないから、この比較はかならずしもむちゃな比較とはいえないだろう。西窪村の場合も、宅地は大きく増加しているが、畑の面積は少しへり、宅地と畑を加えた面積は六パーセント強増加したことになる。

表３－５－２　境村地位等級表

１．畑　方

等　級	反　別	1反の小作料	
		明治8年12月（1875年）	明治9年3月（1876年）
1	227.畝27	0.円28	0.円50
2	1122.　13	0.　26	0.　44
3	4404.　29	0.　22	0.　34
4	4521.　22	0.　19	0.　30
5	3301.　11	0.　17	0.　25
6	1826.　23	0.　15	0.　20
7	1733.　02	0.　13	

２．宅　地

等　級	反　別	1反の地代金	
		明治8年12月（1875年）	明治9年3月（1876年）
1	1017.畝10	0.円30	0.円50
2	265.　09	0.　28	0.　44

（注）明治8年12月・同9年3月「境村・同新田等級書上」（後藤家文書）より作成

出典『市史資料編』

関前村については、慶応元年（一八六五）の本村と新田年貢割付状によって、畑（林畑、野畑をふくむ）と屋敷（屋敷成り一反二畝十九歩をふくむ）の面積がわかる。表3－5－7はそれを地租改正後の数字と比較したものである。関前村でも宅地は四倍強となっているが、畑の面積はいくぶんへり、畑と宅地をあわせた面積はほとんど変化がないということである。

境村については、嘉永四年の年貢割付状にでている本村と新田の畑と敷地の数字と比較してみよう。表3－5－8がそれである。嘉永四年の年貢割付状には数字が少しあわない点がある。また、敷地は屋敷成りをあわせても本村が九反六畝強、新田が七反四畝強である。合計一町七反強、坪でいって五千百坪強の土地に百二十前後の戸数があったとは信じにくい。数字に間違いがあるのではないかとも思われるが、そのままにしておく。境村の場合には、明治一一年の宅地の面積も、戸数が六割以下のはずの関前村のそれよりも狭いから、あるいは誤りはないのであろうか。

地租改正の前と後における畑と宅地の面積を比較するとき、これまでみてきたように、吉祥寺村の場合には、畑も、畑と宅地の合計面積も十ないし四パーセント減少していた。関前村の場合には合計面積はほとんどかわらず、西窪村の場合だけ合計面積が六パーセント増加していた。これは通常いわれていることからすると、やや意外なことであった。ところが境村になってはじめて、畑が十五パーセント弱、畑と宅地の合計面積で十六パーセント強増加したことがわかった。

この違いは、おそらく境村が自然発生的にいわば成長してきた村であるということと関係があるのではなかろ

表3－5－3　四か村の畑，宅地の総反別，総地価

明治11年（1878年）6月

	吉祥寺	西窪	関前	境	計
畑反別	319町 1反 2畝 19歩	82町 0反 4畝 21歩	102町 3反 4畝 02歩	169町 9反 0畝 19歩	673町 4反 2畝 01歩
地価	35,923円 748	8,565円 799	10,604円 648	18,828円 009	73,922円 204
畑反別	316，4，5，23	82，0，4，21	101，7，3，26	167，1，7，10	667，4，1，20
地価	35,908，577	8,565，799	10,601，457	18,812，576	73,888，409
林反別	2，6，6，26	0	6，0，06	2，7，3，09	6，0，0，11
地価	15,171	0	3,191	15,433	33,795
宅地反別	25，4，2，17	8，7，7，02	7，3，9，22	13，7，5，11	55，3，4，22
地価	5,543，645	1,885，376	1,544，313	3,013，587	11,986，921
計反別	344，5，5，06	90，8，1，23	109，7，3，24	183，6，6，00	728，7，6，23
地価	41,467，393	10,451，175	12,148，961	21,841，596	85,909，125

出典『市史資料編』

表３－５－４　第４小区村別地価比較表　明治11年（1878年）６月

（反当り）

	畑	林	宅地
吉祥寺村	11.円347	0.円568	22.円000
西窪村	10.　440		21.　496
関前村	10.　422	0.　530	20.　877
境　村	11.　253	0.　565	21.　911
関野新田	7.　234		18.　923
梶野新田	8.　020	0.　398	18.　977
（注）資料編485 ～ 488ページより作成			

出典『市史』

表３－５－５　吉祥寺村 畑・宅地の変動

	明治5年（1872年）	明治11年（1878年）	比率
畑	354町 2反 8畝 08歩	319町 1反 2畝 19歩	90.08%
宅　地	5，8，3，10	25，4，2，17	435.87
計	360，1，1，18	344，5，5，06	95.68

出典『市史資料編』・『市史続資料編』三

（編注）明治11年の畑には林畑も加えてある（表３－５－６，７，８についても同じ）

表３－５－６　西窪村 畑・宅地の変動

	寛文4年（1664年）	明治11年（1878年）	比率
畑	84町 6反 5畝 28歩	82町 0反 4畝 21歩	96.91%
宅　地	8，8，00	8，7，7，02	996.67
計	85，5，3，28	90，8，1，23	106.17

出典『市史資料編』

表3－5－7　関前村（新田を含む）畑・宅地の変動

	慶応1年（1865年）	明治11年（1878年）	比率
畑	107町 3反 6畝 25歩	102町 3反 4畝 02歩	95.32%
宅　地	1，8，2，23	7，3，9，22	404.73
計	109，1，9，18	109，7，3，24	100.5

出典『市史資料編』・『市史資料編』五

表3－5－8　境村 畑・宅地の変動

	嘉永4年（1851年）	明治11年（1878年）	比率
畑	148町 2反 9畝 24歩	169町 9反 0畝 19歩	114.57%
宅　地	1，7，0，07	13，7，5，11	807.95
計	150，0，0，01	183，6，6，00	122.44

出典『市史資料編』

うか。逆にいうと、吉祥寺村などの場合、計画的、目的意識的な方針にもとづいて、五日市海道の南北に宅地と畑が設定されたために、その中に林や藪や原野などもまだ残っており、地租改正の実施によって山林や原野に組み込まれる土地がでてきたのであろう。これが私の想定である。

第四章　三新法の時代

第一節　大久保利道の意見書

明治一一年（一八七八）七月二二日に郡区町村編制法、府県会規則、地方税規則が制定される。これらは三新法、ないし地方三新法と称されるものであって、地方制度にかかわる明治維新後最初の統一的な法律である。これによって大区小区制の時期はおわり、三新法の時期がはじまる。

この三新法の制度を推進したのは、その公布の直前の五月に暗殺された内務卿大久保利通であった。大久保は地租改正や徴兵令、学制などにたいする民衆の反抗が頻発する状況をふまえながら、明治一一年三月に太政大臣三条実美にあてて、地方制度の根本的改革についての意見書を提出している。

大久保によると、大区小区制は戸籍調査のために設けた区に由来するものであって、地方の区画についての慣習を無視しており、府県によっていちじるしく不統一で相違がありすぎるだけでなく、行政上の便宜を考えていない。また、地方の区画には、「行政の区画」と「住民社会独立の区画」とがあるが、従来はこの二つの原則が混淆されており、区別されてこなかった。今後は府県、郡市はこの二つの性質をもつもの、町村は「住民社会独立の区画」であることを明確にしたうえで、地方の制度を組織していく必要がある。

そのためには、行政上における分権の方針をとり、中央集権の弊におちいらないようにしなくてはならない。

府県、郡市も「住民社会独立の区画」という性質があるからである。それと同時に、府県以下に地方議会を設け、住民の自治（「独立の公権」）を認めていく必要がある。その場合、いたずらに欧米の制度を模倣すべきではなくて、「固有の慣習」と「方今人智の程度」とを考えて、さしあたり立法権（「立則権」）はのぞき、財政上の収入・支出の面に住民を参加させるのが適当である。

さらに、従来の制度では、国、府県、郡市、町村、およびそれ以外の一部の住民が負担すべき費用が混同されているので、これを区別し、財政上の経費がみだりに増加するのをおさえていく必要がある。

大久保は地方制度の改革についてほぼこのような意見をのべるとともに、三新法の原案ともいうべきものを提出している。それは、一面では農民の反抗に譲歩し、一定の範囲で住民の自治権を認め、行政上の集権を緩和するとともに、他面では、中央政府から町村にまでいたる行政組織を整備し、国家による民衆の組織化をより徹底しようとするものであったといってよいだろう。

第二節　地方税規則

郡区町村編制法、府県会規則、地方税規則は、大久保の原案を修正して、明治一一年七月二二日に公布された。ここでは、説明の便宜のために、直接には府県にかかわる府県会規則と地方税規則のほうから話をすすめる。その場合、同じ説明の便宜からして、まず地方税規則からはじめる。

ここで地方税というのは府県税のことである。それまで、府県の税金はごくわずかな営業税と雑種税だけが「府県税」として徴収され、その大部分は町村の税金などとともに「民費」として徴収され、「民費」として支出されていた。地方税規則は府県の財政を町村などのそれから区別するために、府県の税金を地方税として、一方では、地方税の徴収に強制力をもたせる（明治一一年一一月内務省達し）と同時に、他方ではその徴収と支出について府知事、県令が予算をつくり、府県会の議決をうけることを定めたものである。

地方税規則の第一条では、地方税の税目が

一　地租五分の一以内

一　営業税並びに雑種税

一　戸数割

の三種とされる。このうち、戸数割とその付加税は、これ以後に府県税および町村税としてもっとも重要な税目となるものである。それは本籍か寄留か、戸主か戸主ではないかにかかわらず、現住の戸にかけられ、「かまど」を異にすれば一戸とするのが原則であった。府県は管下の町村の戸数にしたがって町村別の賦課額を定めたが、町村は地租額その他を勘案して戸別の賦課額を町村独自に決定した。

営業税と雑種税は付属の布告で定められている。営業税は三類に分類されるが、第一類は会社および卸売商で、年額十五円以内、第二類は仲買商で、十円以内、第三類は小売商および雑商で、五円以内とされ、その実際の金額は府知事・県令が府県会の議決によって定めるものとされる。

雑種税はさまざまの物件や職業などに課税されるものである。例示すると、船や車（馬車、人力車、大八車など）は、国税の半額以内、市場、演劇、興行場などは、あがり高の百分の五以内、遊戯場は、年額二十円以内、料理屋、待合茶屋などは、十二円以内、質屋は、十五円以内、古着、古道具屋、旅篭屋、飲食店などは、十円以内、湯屋、理髪床は、五円以内、遊芸師匠、遊芸人、相撲は、十二円以内、俳優は、六十円以内、封間、芸妓は、四十二円以内、水車は五円以内、乗馬は、一頭一円以内、屠牛は、一頭につき五十銭以内などとなっている。

地方税規則の第三条は、地方税によって支弁するべき十二の費目を列挙するとともに、町村かぎり、区かぎりの費用はそれぞれの「人民の協議に任せ」、地方税で支弁してはならないとする。

一、警察費

一、河港、道路、堤防、橋梁建築、修繕費

一、府県会議諸費
一、流行病予防費
一、府県立学校費および小学校補助費
一、郡区庁舎建築、修繕費
一、郡区吏員給料、旅費および庁中諸費
一、病院および救育所諸費
一、浦役場および難破船諸費
一、管内限り諸達書および提示諸費
一、勧業費
一、戸長以下給料および戸長職務取扱諸費

これは府県税としての地方税と、人民の協議費としての区町村税を区別したものだといってよいだろう。

また、その第四条は財政年度を七月から六月までとすること、府県事、県令は毎年二月までに地方税をもって支弁すべき経費の予算および地方税徴収の予算をつくり、府県会の議決をうけて、五月に内務卿と大蔵卿に報告すること、を定める。

さらに、第七条は府知事、県令は毎年七月にその前の財政年度の決算をつくり、内務卿と大蔵卿に報告するとともに、翌年はじめの府県会の通常会へ報告することとしている。決算の場合は、予算とは異なって府県会の議決をうける必要がない点が注目されるが、ともかく府県会へも報告することが義務づけられているわけである。

こうして、地方税規則およびそれに付属する布達によって、府県の財政は公財政へと高められた。それまでの「民費」は地方税とそれ以外の「協議費」とに分化し、地方税は滞納の場合、公売などによって強制徴収されることになった(明治一七年には、後述するように町村税が強制徴収力を得、それまでの協議費が町村税とそれ以外の協議費に分化する)。また、地方税の徴収と支出は予算をつくり、府県会の議決をへて執行することになり、府知事、県令の一存によっては動かすことができなくなった。さらに、それと関連して、府県税の税目とそれによる支出の費目も法令にもとづいて明確に定められたわけである。

第三節　府県会規則

府県会規則はこの地方税の徴収と支出にかかわる事項を議定するための機関として、全国の府県に府県会を設置することを定めたものである。この府県会は明治一二年二月以降に、準備が完了した府県から順次開設されていった。

府県会規則によると、府県会の任務は「地方税を以て支弁すべき経費の予算及び其徴収方法を議定す」ることであった（第一条）。それ以外の事柄については、府知事、県令の諮問がある場合にだけ議定することができた（第八条）。会議の議案を提出できるのは府知事、県令のみである（第三条）。会議の議決は府知事、県令が認可したうえで施行される。府知事、県令が認可するべきでないと考えるときは、内務卿に具状して指揮をあおぐ（第五条）。会議の論説が国の安寧を害し、法律規則を犯すと認めるときには、府知事、県令は会議を中止し、内務卿に具状して指揮をあおぐ（第三十三条）。内務卿がそのように認めたときには、いつでも議会を解散することができる（第三十四条）。

府県会議員の選挙権は、（1）満二十歳以上の男子で、（2）その郡区に本籍を定め、（3）その府県内において地租五円以上を納めるものにある（第十四条）。その被選挙権は、（1）満二十五歳以上の男子で、（2）その府県内に本籍を定め、(3)満三年以上住居し、(4)その府県内において地租十円以上を納めるものにある(第十三条)。府県会の議員は郡区の大小におうじ毎郡区五名以下を選ぶ(第十条)。選挙は記名投票による(第十七条)。議員議員の任期は四年で、二年ごとに半数を改選する(第二十一条)。議長、副議長は議員のうちから公選し、府知事県令の認可をうける。議員はすべて名誉職であるが、議会の会期中には滞在日当と往復旅費が給付される(ともに第十一条)。

このように、府県会の権限は地方税の徴収と支出にかかわる事柄に限定されていた。しかも、予算はその議決事項であったが、決算はたんに報告をうけるだけにとどまった(第六条)。そのうえ、府県会は府知事、県令ないし内務卿によるさまざまの制約をうけていた。また、府県会議員の選挙権と被選挙権には、それぞれ地租五円以上ないし十円以上というかなり厳しい財産による制限がつけられていた。

こうした制約があるとはいえ、府県会が制度化されたことは重要な歴史的意義をもった。すでにみたように、地方財政の制度という点からいうと、それは府県財政を公財政として確立する条件をつくるという意味をもった。また、地方議会の制度という点からいうと、それは明治七年の民選議院設立建白以後に、全国各地で府県以下のさまざまのレベルでつくられていた民会(地方民会)を、府県のレベルではじめて全国的に制度化したという意味をもった。後述するように、まもなく町村会も全国的に制度化されていくことになる。

さらに、政治的情勢という点からいうと、府県会の開設はそれに参与する地租五円以上を納める農民層、とくに実際に府県会議員に選ばれたような豪農層の政治的関心を一挙に高めるという歴史的意義をもった。幕末・維

表４－３－１　国、府県、区町村歳出

年度	国	構成比	府県	構成比	区町村	構成比	計
明治12	60,318	71	11,248	13	12,982	16	84,547
13	63,141	69	12,602	14	15,135	17	90,877
14	71,460	67	17,420	16	17,113	17	105,994
15	73,481	66	19,412	17	18,690	17	111,582
16	83,107	69	18,999	16	17,953	15	120,058
17	76,663	68	19,089	17	16,204	15	111,956
18	61,115	67	16,307	18	13,559	15	90,981
19	83,224	70	21,406	18	13,682	12	118,312
20	79,453	70	21,245	19	12,495	11	113,193
21	81,504	70	22,306	19	12,700	11	116,510
22	79,714	68	21,528	18	15,784	14	117,026

出典　亀卦川浩『明治地名自治制度の成立過程』90・91ページによる

新期にすこしずつ政治的関心をもちはじめた豪農層は、地租改正をめぐる政府と農民との対立のなかでじょじょに政治的関心を深めていたが、府県会が開かれて自ずから、または仲間が議員として活動しはじめたことによって、急速に政治的関心を高めた。

しかも、府県会開設後、政府はそれまで国費で支出していた経費をつぎつぎと府県に転嫁していったために、表４－３－１の示すように府県の支出は急速に膨張した。これは政府が西南戦争にともなうインフレをおわらせるために、そのさいに濫発された不換紙幣を消却するのに国費を必要とし、数年後からは朝鮮をめぐる日本と清国との対立の激化にそなえて、軍備増強をはじめたことに原因がある。こうした府県費の膨張は府県会と府知事、県令との対立をまきおこし、府県会議員を自由民権運動へまき込んでいく。明治一二、三年をさかいにして、自由民権運動の担い手が士族層から豪農層へかわる重要な原因の一つはこの府県会の開設にあった。明治一五年一二月に右大臣岩倉具視が府県会中止意見書をだして、「海陸軍及警視の勢威を左右に提《ひっさ》げ、凛然として下に臨み、民心をして戦慄する所あらしむべし」という有名な言葉をはくことは、このことを裏書きしているといってよいだろう。

神奈川県では、明治一二年二月五日に総計四十七の議員定数を発表した（表4－3－2参照）。戸数三千五百戸に議員一人の割合であったという。選挙は郡区ごとに二月下旬に行われたが、記名、連記制でなされた。最初の県会は明治一二年三月二五日に横浜町会所で開くよう布達されたが、その前の二二日に同所に県会議員が招集され、正副議長の選挙が行われ、議長に南多摩郡の石坂昌孝、副議長に足柄下郡の小西正蔭が選ばれた。

表4－3－3は『神奈川県会史』第一巻にでている北多摩郡選出の県会議員当選者表をそのまま転載したものである。この表にはいくらか不可解な点がある。第一回半数改選は明治一四年一月に行われたはずである。その結果がわからないのはやむをえないとしても、第二回半数改選に三人も当選していること、逆に第三回、第五回半数改選の当選者が一人であること（定員四人の半数のはずであるが）などよくわからない。

しかし、それはともかく、これをみてまず気づくことは、有権者がすこしずつ減少していることである。神奈川県では明治二三年の府県制は施行されなかったから、これらはすべて府県令規則にもとづくものである。したがって、選挙権者は地租五円以上を納めるものだが、他の選挙区でも、明治一〇年代半ばから二〇年代半ばにかけては、この層がすこしずつ減少している。

表４－３－２　県会議員選挙郡区（市）別定数沿革

郡区(市)別	明治12年（1879年）決定定数	明治14年3月（1881年）定数改定	明治14年8月（1881年）定数改定	明治26年4月（1893年）定数改定
横浜区	5名	15名	15名	15名 明治22年4月市制施行により市となる
久良岐郡	2	2	2	2
橘樹郡	4	4	4	4
都筑郡	2	2	2	2
西多摩郡	3	3	3	—
南多摩郡	4	4	4	—
北多摩郡	3	3	4	—
三浦郡	4	4	4	4
鎌倉郡	2	2	2	2
高座郡	4	4	4	4
足柄上郡	2	2	2	2
足柄下郡	3	3	3	3
大住郡	3	3	3	3
淘綾郡	2	2	2	2
中郡	—	—	—	—
愛甲郡	2	2	2	2
津久井郡	2	2	2	2
総計	47	57	58	47

出典『神奈川県会史』

表4－3－3　神奈川県北多摩郡選出県会議員当選者表

（明治26年4月1日　東京府の管轄となる）

（1）一般選挙

選挙年月	選挙の種別	選挙すべき人員	選挙有権者	投票総数	当選者	
					住所	氏名
明治12年 2月	初度選挙	3	—	—	蔵舗《ゾウシキ》村	＊内野杢左衛門
					宮沢村	指田忠左衛門
					野崎村	＊吉野泰三
明治15年 5月	第2回半数改選	3	3,261	3,211	野崎村	吉野泰三
						指田忠左衛門
					蔵舗村	内野杢左衛門
明治17年 3月	第3回半数改選	1	3,181	3,140	大岱村	市川幸吉
明治18年11月	第4回半数改選	2	3,077	3,077	野崎村	吉野泰三
					蔵舗村	内野杢左衛門
明治20年11月	第5回半数改選	1	2,990	2,118	大岱村	市川幸吉
明治21年 2月	改選（解散のため）	4	3,017	2,955	野崎村	吉野泰三
					大岱村	市川幸吉
					上石原駅	中村克昌
					—	中村重右衛門
明治23年 2月	半数改選	2	1,755	948	府中駅	比留間雄亮
					久留米村	村野七次郎
明治25年 2月	半数改選	2	2,929	1,997	砧村	小泉健次郎
					中藤村	渡辺九一郎
明治26年 2月	総改選（解散のため）	4	2,906	6,997	千歳村	花形長之輔
					中藤村	渡辺九一郎
					西府村	内藤次左衛門
					久留米村	岸守左衛門

（注）投票総数が選挙有権者より多いのは、同時に数人選挙した票を数えたためである

（2）補欠選挙

選挙年月	選挙の種別	当選者	
		住所	氏名
明治 1年 1月	補欠	小金井村	＊大久保宗利
明治14年 9月	補欠	上石原駅	中村克昌
明治17年 3月	補欠	立川村	＊中島治郎兵衛
明治18年 1月	補欠	上石原駅	中村克昌
明治21年 9月	補欠	奈良橋村	鎌田訥郎
明治22年10月	補欠	大神村	中村半左衛門
		府中駅	比留間雄亮
明治24年 6月	補欠	三ツ木村	比留間邦之助
明治24年 8月	補欠	砧村	小泉健次郎
明治24年 9月	補欠	三鷹村	＊渡辺萬助

出典『神奈川県会史』

第二は、補欠当選者が多いこと、逆にいえば中途退職者が多いことである。これについては、立候補制でないから議員になることを望まないものが当選することがあるためだという説がある。これは二回以上の当選者には当てはまるかもしれない。最後の当選が不本意だったというわけである。しかし、議席が特定個人によって独占されるのをさけたいという気分が、議員の側にも有権者の側にもあったことも、その一因だったのではなかろうか。

第三は、自由党の党員であるもの（あったものをふくむ）がけっこう多くいることである。＊印を付けた人は、明治一六年四月の自由党名簿に名前がでている人である。自由民権運動が盛んであった時期に自由党員であった人が、明治二〇年代に入ってからの当選者をふくめて七人いることになるから、北多摩郡でも自由党が強かったといってようだろう。

自由民権関係の懇親会や演説会の参加者のなかに名前のでている人はこれ以外にもなん人もいる。

自由党員のなかの吉野泰三（一八四一－九六、野崎村出身）は北多摩郡の東北部を代表する自由民権運動の活動家である。彼は明治一〇年代半ばには南多摩の石坂昌孝らと手をくんで活発に活動したが、もとから石坂らとはやや異なる面ももっており、明治二〇年前後からは、後述するように自由党系の運動から離れていった。明治二二年には吉野は同じように元自由党員である内野杢左衛門らとともに、北多摩郡正義派の運動をはじめるが、これは政党政派の立場に拘束されずに、北多摩郡の利害を追求しようとするものであった。

武蔵野地域からも、なん人かの人がこの正義派の運動に加盟するが、それ以前には、自由民権運動であれ、その他の運動であれ、農民一揆とは区別された形態の政治的運動に、武蔵野地域の人々が参加していたという記録はまったくのこっていない。政治活動に奔走できるほどの経済的な余裕がある人が、武蔵野四か村にはいなかったというのが、その理由であったのではあるまいか。

第四節　郡区町村編制法

ここで、武蔵野四か村と直接の関係がある郡区町村編制法の話に入る順序となった。この法令は大区小区制を廃止して、府県の下に郡、区、町、村という行政区画をおくことを定めたものである。これによって行政区画が伝統によりちかいものとなったといってよい。

郡は古代の末期に行政区画としての性格をうしない、たんなる地域区画となっていた。郡区町村編制法はこれを府県と町村との中間の行政区画とし、郡長をおくことを定めた。それと関連して、行政上からみて大きすぎる郡は分割する一方、小さすぎる郡の場合には数郡に一人の郡長をおくものとしている。

区は人々が集中して住居する市街地に新しくおかれたものである。したがって、大区小区の区とはまったく関係がない。言葉の用法からいうと、現在東京都や政令指定都市におかれている区の起源であるが、実質からいえば、明治二一年の市政で生まれる市の発端とみたほうがよいだろう。大久保の意見書は区ではなくて市という言葉を使っていた。ただし、郡区町村編制法の施行当時、東京は十五区、大阪は四区、京都は三区（名古屋、横浜などは一区だけであった）にわかれ、それぞれが独立の区画として区長をもち、府県に直属していた点では、市制の市とは異なっていた。そのかぎりでは現在の東京都の区と似ているといってよいかもしれない。

町村は最下位の行政区画であり、その「区域、名称は旧に依る」（第二条）とされた。大区小区制のもとでは、町村は公的な行政区画という性格をすくなくとも半ばは奪われていたから、郡区町村編制法は郡とともに町村を行政区画として復活させたといってよいだろう（復活といっても、郡の場合には古代の制度を復活させたものだが）。

町村には長として戸長一名がおかれた。いうまでもなく、この名称は戸籍法ではじまり、大区小区制にうけつがれてきたものである。町村が小さい場合には、数町村に一名の戸長をおくことができた。また、区のもとの町村には戸長をおかず、区長がその役割を兼務することができた。逆にいうと、のちの市の場合のように、内部の町村ではなくて、区が基礎的な行政区画となる傾向がでていたということである。

三新法の直後の明治一一年七月二五日に定められた府県官職制によると、郡区の役所には郡区長一名と書記（定員なし）がおかれた。いずれも府知事、県令が任免し、地方税から給料をうけることになっていたが、郡区長は「該府県本籍の人を以て之に任ず」とされていた。大久保利通の意見書に流れていた考えからいっても、これはその土地の事情をよく知っている地元の有力者を起用するという趣旨であったとみて間違いないであろう。郡区長の主な職務は、府知事、県令の指揮にしたがって法律命令を施行すること、郡の事務を総理すること、町村の戸長を監督することであった。

府県官職制には、「戸長職務の概目」として、つぎのようなことが列挙されている（一部は省略した）。

「　1　布告、布達を町村内に示すこと

　　2　地租および諸税を取纏め上納すること

3　戸籍のこと
4　徴兵下調べのこと
5　地所、建物、船舶、質入れ、書入れ、ならびに売買に奥書加印のこと
6　地券台帳のこと
10　町村の幼童、就学勧誘のこと
11　町村内の人民の印影簿を整置すること
12　諸帳簿、保存管守のこと
13　官費、府県費に係る河港、道路、堤防、橋梁その他修繕保存すべき物につき、利害を具状すること
右のほか府知事、県令または郡区長より命令するところの事務は、規則または命令に従って従事すべきこと

その他、町村かぎり道路、橋梁、用悪水の修繕、掃除等、およそ協議費をもって支弁する事件を幹理するは、ここに掲ぐるところのかぎりにあらず」

戸長の給料も地方税で支弁されることになっていたが、明治一一年八月二六日に内務省は、戸長はなるべく公選させ、府知事、県令がかならず辞令書をわたすこと、辞令書の授与の仕方や公選の方法は、府県が適宜に定めること、を府県に通達した。神奈川県はこれをうけて明治一一年一一月一八日に戸長選挙規則を定めている（『神奈川県史』資料編）。その第一条には「戸長は公選を以て挙げ、県令の裁可する処とす」、第八条には、「投票は多

数のものを以て当選人と……定む。然りと雖も、時宜に依り更に再選せしむるか、又は官選を以て特に命ずることあるべし」とあるから、完全な公選制とはいえないものであった。戸長の被選挙資格は、満二十歳以上の男子で、その町村内に本籍を定めたもの（第二条）、選挙資格は、満二十歳以上の男子で、その町村内に本籍を定めた戸主であるもの（第三条）となっている。

郡区町村編制法の施行によって、明治一一年一一月一八日に武蔵国多摩郡は東、西、南、北の四つに分割された。それまで東京府に属していた東部が東多摩郡となり、神奈川県に属していた部分が西、南、北多摩郡となった。東多摩郡がそれほど広くなかったこともあって（明治二九年に南豊島郡と合併して豊多摩郡となる）、多摩三郡の境域はそれぞれけっこう広かった。いま神奈川県知事が伊藤内務卿にこの分割を申請したさいに付した数字を示すと、表４－４－１のようになる。

いうまでもなく、武蔵野四か村は北多摩郡に属していた。北多摩郡はそれまでの第十、十一、十二大区にほぼ対応していたが、その郡が徳川時代とほとんど変わっていない百数十の町村を直接に管轄するために、むつかしさがあった。郡役所が設置当初から町村を合併し戸長役場数をへらしていこうとする傾向をもったのは、このためである。明治一七年になって連合戸長役場が全国的に設置されるのは、この問題が一般的であったからである（郡内の町村名については明治二二年四月の町村分合表５－３－３を逆にみてほしい。もちろん、明治一一年当時とはまた少し変わっているが）。

初代の北多摩郡長には砂川村の大地主砂川源五右衛門が一一月一八日に任命された。郡役所は府中駅におか

表４－４－１　多摩三郡の村数・戸数・総反別

明治11年（1878年）11月現在

	西多摩郡	南多摩郡	北多摩郡
村数	94	127	132
戸数	10,642	13,620	11,749
人口	55,066	61,103	62,643
総反別	41,311町 74畝	26,643町 00畝	24,404町 76畝
幅員	東西10里 6町 南北 3，12	東西6里 4町 南北3，12	東西5里 32町 南北2，19
一村あたり平均戸数	113.21	107.24	89.01
一村あたり平均人口	585.81	481.13	474.57

出典『立川市史』下巻

れ、他の郡役所と同じように一二月二日に開庁した。『神奈川県史』によって、県内の郡区の名称、役所の位置、郡区内町村長、初代郡長を示すと表４－４－２のようになる。大住郡と淘綾《ゆるぎ》郡には一つの郡役所がおかれたわけである。

郡区長をみると、県庁の役人（五等属は一等属から十等属まである判任官の五番目ということである）から郡長になった人がけっこういる点が注目される。明治一二年末になって任命された山田雪助初代横浜区長をいれると、十五人のうち五人となるが、これらの人々はすべて士族であり、本籍は県下にうつしていたけれども、出身は県外であった（山口が二人、東京、静岡、埼玉が一人）。これを多いとみるべきかすくないとみるべきかは、全国の集計がないのでなんともいえないが、他府県でもこうした例はかなりあり、それが自由民権運動の高揚期に郡長公選論を生む原因となった。神奈川県会でも明治一五年五月に内務卿への郡区長公選の建議案がだされて可決されている。

これ以外の十人の郡長は、大区長であった三人をもふくめてすべて平民であり、かつ中溝都筑郡長（南多摩郡出身）をのぞくと、すべてがその郡内の出身者であった（北多摩郡長砂川源五右衛門は区－番組制の施行後に、最初の第十二区区長であった。明治一一年当時にはすでに辞職していたのであろうか）。このかぎりでは、地元の人物を尊重するという制度の趣旨が生かされていたといってよいかもしれない。

北多摩郡長となった砂川源五右衛門は、毎朝脚絆にわらじ履きというでたちで、麦飯の弁当をもって、砂川村から三里の道のりを通ってきた。あまりの質素さに驚いた郡役所の吏員が徒歩はやめてほしいと陳情した結果、その後は人力車で通勤した。

砂川は明治一二年に県会が開かれると、会期中は横浜にでむき、三多摩選出の県会議員を指揮して、三多摩に関係のある議案の成否に力をふるったため、「県会郡長」という異名をとったという（以上『立川市史』下）。

砂川は自由民権運動にも深い関心をもち、その関係の懇親会などにしばしば出席していた。明治一四年のはじめごろに北多摩郡の人々が結成する自治改進党には、吉野泰三、内野杢右衛門といった人々とともに、中心的な役割をはたしたようである。しかし、吉野や内野が明治一五年に自由党へ入党したときには、行動をわかつことになる。けれども、逆にいうと、吉野も内野も砂川と共通する面をもっていたのであり、これが明治二〇年代に入って彼らが北多摩郡正義派をいっしょにつくる背景となる。ともあれ、砂川郡長のもとにおける北多摩郡役所には自由民権の雰囲気が漂っていた（当初の筆頭書記は前節で自由党員として名前がでた立川村の中島治郎兵衛であった）。

表４－４－２　郡区役所位置及び仮庁舎、町村数、初代郡区庁一覧

郡区	郡区役所位置	郡区役所の仮庁舎	町村数	初代郡区長（備考）
横浜区	本町１丁目	町会所	81	（代理・区書記）嶋田豊寛（月給40円）
久良岐郡	笹下村	旧2大区区務所	44	箕輪三郎（元1大区23小区戸長、30円）
橘樹郡	神奈川駅	成仏寺	121	松尾豊材（元県5等属、40円）
都筑郡	川井村	旧７大区三小区扱所	69	中溝昌弘（30円）
西多摩郡	青梅町	旧13大区区務所	94	細谷五郎右衛門（旧13大区長、30円）
南多摩郡	横山宿（八王子）	禅東院	127	佐藤俊正（35円）
北多摩郡	府中駅	矢島久兵衛持家	132	砂川源五右衛門（30円）
三浦郡	横須賀町	旧15大区区務所	67	小川茂周（旧15大区長、35円）
鎌倉郡	戸塚町	宝蔵院	89	山本庄太郎（30円）
高座郡	藤沢駅	藤沢学校	110	稲垣道生（元県5等属、40円）
大住・淘綾両郡	大磯駅	佐藤嘉尚持家	134	山口佐七郎（元県7等属、30円）
足柄上郡	関本村	呉地しげ持家	87	中村舜次郎（旧21大区長、35円）
足柄下郡	小田原駅	旧21大区区務所	91	内山寛五郎（元県5等属、40円）
愛甲郡	厚木町	児嶋治兵衛持家	37	中山信明（元県5等属、40円）
津久井郡	中野村	旧23大区5小区扱所	26	三樹十右衛門（30円）

出典『神奈川県史』通史編４・『近代現代』（1）

表4－4－3　四か村の戸長

吉祥寺村　安藤七郎 — 池田八右衛門 — 安藤七郎 — 池田八右衛門
（明治14年5月26日就任）　（明治17年4月1日再任）

西窪村　井野久左衛門
＞— 井野久左衛門 — 保谷定右衛門
関前村　保谷定右衛門
（明治14年8月組合村結成）

境　村　平野謙太郎 — 平野謙太郎
（明治12年3月就任）　（明治16年3月15日再任）

（編注）市史にでている初代戸長4名に、市役所所蔵の行刑資料にある各人の履歴書で補充したものである。

明治二〇年に入ると、政府は郡区長の試験任用制をうちだす（七月閣令、郡区長試験方、一二月内務省令、郡区長試験条規）。これによって、砂川源五右衛門は同年一二月に退職させられ、他県出身の渡辺莞吾が二代目の郡長となった。九年余に及ぶ在任中に砂川が郡長としてこれこれのことをしたということはむつかしい。ここでは、明治二三年一月になって府中駅町長比留間雄亮（もと郡書記）ら北多摩郡の二十二の町村長（当時北多摩は二十町村、三組合村であった）が砂川の復職願を県庁にだしたこと、そのなかには武蔵野村長三井謙太郎の名も入っていることだけを、つけ加えておく（『府中市史』下）。

郡役所は、当初は府中番場宿の矢島家の持ち家におかれたが、それは甲州街道に南面していた。明治一五年には一時府中駅の高安寺にうつったこともあるというが、明治一七年（月日不明）にはしゃれた洋館風の郡役所が、今の東京都合同庁舎の位置に建てられ、大正一五年の郡役所廃止まで使われた。

郡から転じて町村に目を向けよう。武蔵野四か村は徳川時代と同じように独立の区画となり、戸長を持つことになるが、明治一四年八月には西窪村と関前村が組合村となって戸長役場を一つにすることになる。戸長役場は戸長の私宅ではないところにおかれたのではないかと推測されるが、その点についてはまったく資料がない。

表4－4－3は『市史』にでている四か村の最初の戸長をあげると同時に、他の資料によって、その他を補充して表にしたものである。これらの戸長は、さきにのべた明治一一年一一月に神奈川県がつくった戸長選挙規則によって選挙されたのであろう。

この時期の四か村のことについては、つぎの町村会の節で、一つ二つの資料を紹介するが、それ以外はほとんどわからない。明治一七年七月になると、四か村の連合戸長役場がもうけられ、境村の三井謙太郎が官選の連合戸長に任命されるが、それについてはのちの節でとりあげる。

第五節　町村会

三新法の制定後、政府は府県会だけではなくて、区町村会をも開設しようと企図していたが、明治一三年四月になって区町村会法を公布した。しかし、神奈川県はそれよりもまえの明治一二年六月一三日に、県独自の町村会規則をつくり、県下の町村がそれにもとづいて町村会を開くよう達した。そうして、その後まもなく明治一〇年にもうけた町村総代人を廃止した。

この町村会規則によると、町村会の議決事項は、町村の経費で支弁する事業の興廃とその経費の予算および賦課方法、共有財産の処分および維持方法などである。会議の議案をだせるのは戸長だけで、議員にはない。会議の論説が法律、規則を犯すか権限を越えるときには、戸長は会議を中止できるし、県令は会議を閉会したり解散したりできる。

議員数は戸数百戸未満は十人以下、百戸以上二百戸未満は十五人、それ以上は二百戸を増すごとに五人を増し、最高は千戸以上の四十人となっている。議員は任期四年で二年ごとに半数を改選する。正副議長は議員が議員のなかから選出する。議員はすべて無給である。

選挙、被選挙資格は、満二十歳以上の男子で、その町村内に本籍と住居を定め、かつその町村内に土地を所有するものである。投票は記名投票でする。県会議員は戸長を兼任できたが、町村会議員は兼任できなかった。『府中市史』によると北多摩郡では、郡長代理、郡書記中島治郎兵衛は、七月二九日に管下の町村にたいし、七月五日までに選挙を行うよう達してあったが、いまだに町村会の開会を届けでてきたものがない、八月五日までに必ず開会を届けでるようにと、通達している。郡長や郡書記が熱心に県庁の方針を推進しようとしていたことがわかる。

武蔵野地域では、七月六日に関前村で村会議員選挙が行われていたようであり、同日づけで戸長保谷定右衛門の名でだされた井口一太郎の当選状が残っている（市史『続資料編七』）。また、吉祥寺村では八月一〇日から一二日にかけて村会が開催されたようであり、そこに議案としてだされたはずの予算案のはしりとでもいうべき文書がある（市史『続資料編三』）。明治一八・九年の決算、予算（次節で紹介）と対照するため、項目別に表示したのが表4－5－1である。神奈川県の規則にもとづく村会についてはこれくらいの資料しか残っていないが、県庁の方針はけっこう末端まで届いていたといってよいようにみえる。

ところが、はじめにのべたように、明治一三年四月八日になると政府が区町村会法を公布する。この法律では、区町村会の議決事項はその区町村の公共にかんする事件、およびその経費の支出と徴収方法である（第一条）。また区町村会の規則は区町村がその便宜にしたがって定め、府知事、県令の裁定をうけるものとされる（第二条）。その意味では区町村の自主性を重んじているともいえるが、その第四～七条では、区町村会の議決が不適当なとき、およびその行動が法令に背くときには、区長・戸長が執行を中止したり、府知事・県令が会議を中止・解散したりできるとされている。

神奈川県では、この法律をうけて県の規則を廃止し、各区町村にたいし規則を制定するよう通達した。『神奈川県史』によると、これに応じてつくられたいくつかの村会規則がのこっているが、その内容は多くが明治一二年の県の町村会規則によっているという。[註] 関前村の村会規則（明治一四年七月）の一部ものこっているが、わずか五か条だけしかわからないので、説明はさしひかえる。

註　砂川村が明治一四年七月に知事の認可を受けた村会規則が、『立川市史』下にでている。これには、戸長や県令による村会の中止、解散といった箇条はなく、かわりに第二十七条に「議員は会議の事項に方り充分討論するを得ると雖も、人身上に付て褒貶毀誉に渉《わた》ることを得ず」とある。

区町村会法の施行後、県下では横浜区会も開かれ、各町村でも町村会が一般化したようである。武蔵野四か村についてはごく断片的な資料ではあるが、その存在を伝えている。一つは、西窪・関前両村の合併願いであり、これには関前の議員七人の名前がでている（市史『資料編一』、西窪の部分は欠けているという）。表4－5－2は『市史』にある七人の議員の年令、土地所有高、経歴（一部を補った）表を転載したものである。その二は井口一太郎にだされた明治一七年七月二一日づけの関前村村会議員の当選状、同八月一日づけの連合村会議員の当選状（ともに連合戸長平野謙太郎が発行）である（市史『続資料編』七）。このほか、河田太左衛門が明治一七年から二〇

表４－５－１　明治12年８月　吉祥寺村議案書

第1条	会議費	16円 35銭	
第2条	地価割	103円 74銭	
第3条	戸数割	67円 51銭	但、215戸、一軒につき31銭4厘
第4条	道路橋梁修繕費	45円 20銭 1厘	
第5条	小学校費	149円	
第6条	祭典費	17円 60銭	
第7条	雑給	11円　9銭 4厘	

（注1）それぞれの条の内訳は省略した
（注2）いうまでもなく、第2条、第3条は歳入である（数字のあわないところがある）
（注3）歳入総額、歳出総額を書いた箇所はないし、それぞれの総額はかけはなれている
（注4）明治0年代から明治10年代の初めには、このような形式の文書がいくつか残っている見本のため紹介したわけである

表４－５－２　関前村村会議員一覧表

明治14年（1881年）８月現在

村会議員氏名	年齢	土地所有高	順位	備考
井口一太郎		227畝 05	18	村会議長・旧村用掛
井口六之助	43	401，02	7	村会副議長・旧代議人
中村富蔵	51	415，25	6	
秋本安五郎	65	274，16	14	旧代議人・旧村用掛
中村岡右衛門	67	574，23	3	旧代議人
田中甚之助	49	596，22	2	旧代議人・旧村用掛
榎本藤吉	49	1236，21	1	旧副戸長・旧代議人
（注）明治14年7月「関前村々会規則」（井口家文書）、明治5年の統計資料、明治9年「関前村野帳」より作成。				

出典『市史』
（編注）役職歴は補足した

年まで吉祥寺村会議員であり、西窪の井口長五郎が明治一七年から二一年まで西窪・関前村会の議員であったことが、二人の履歴書からわかる。しかし、四か村の村会についてはこれ以上のことは明らかでない（明治一八年度決算、明治一九年度予算のことは次項でのべる）。

第六節　明治一七年の改革

明治一七年に入ると、区町村の制度にいくつかの重要な改革が行われた。その一つは、区町村の財政を公財政として確立する措置がとられたことである。明治一七年五月七日に、政府は区町村会が議決した区町村費が滞納されたさいには、明治一〇年一一月に定めた公売処分の方法によって、強制的に徴収できるようにすると布告した。すでに明治一四年から、区町村会の議決した土木費が滞納されたときには、強制徴収ができるようになっていたが、ここにいたって区町村費全体が公法的な保護をうけることになったわけである。

この布告の施行上の心得としてだされた同日づけの内務省訓示では、区町村費の税目として、(1)地価割または反別割、(2)営業割、(3)戸別割があげられると同時に、その支出費目として、(1)戸長役場費、(2)会議費、(3)土木費、(4)教育費、(5)衛生費、(6)勧業費、(7)救助費、(8)災害予防費、(9)警備費などが指定されている。区町村費へ税目と支出費目が公財政としてふさわしいものとそうでないものとに区別されたわけである。

すでにみたように、明治一一年の地方税規則の制定によって、それまで民費と総称されていたものが、地方税とその他の町村協議費とに分化したが、明治一七年五月の措置によって、この区町村協議費が区町村費とその他の協議費とに分化したわけである。

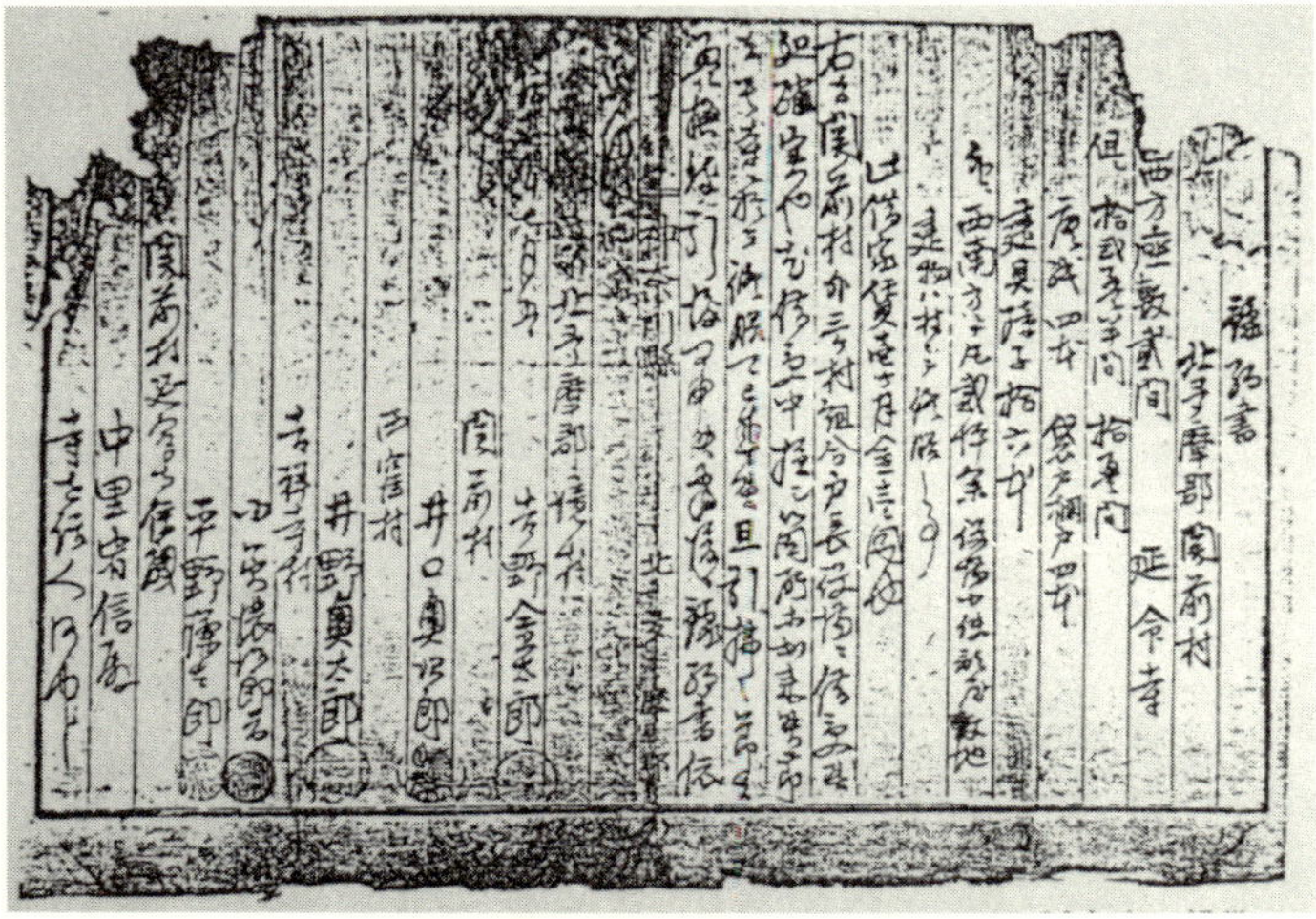

延命寺の借用契約書

第二は、同じ五月七日にだされた区町村会法の改正である。その主な点は次のとおりである。(一)区町村会の議決事項を「区町村費を以て支弁すべき事件、及其経費の支出、徴収方法」にかぎったことである。(二)区町村会の会期、議員数、任期、改選やその他の規則は府知事、県令が定めるように改めたことである。(三)選挙権、被選挙権を全国一律に定め、満二十歳(被選挙権の場合は二十五歳)以上の男子で、その区町村に居住し、その区町村内で地租を納めるものとしたことである。これは本籍という要件がなくなっている点で注目される変化といってよい。(四)議長を区長または戸長としたことである。(五)会議が停止、解散されたさい、区戸長は経費の支出・徴収方法を定め、府知事、県令の認可をうけて施行できるようにしたことである。(六)会議が議案を議決しないとき、区戸長は(五)と同じ処置をとりうるようにしたことである。区町村会の議決事項をかぎるとともに、区町村会にたいする区戸長の権限

表4－6－1（1）　明治18年度、19年度連合村費

種別			明治18年度決算	明治19年度予算
戸長役場費	雑給諸費	小使雇給	54.00円	75.00円（小使雇給・臨時雇給）
		臨時雇給	6.00	
		備付品	4.85	65.00（備付品・消耗品・郵便税）
		消耗品	30.125	
		郵便税	4.525	
		借家料	9.00	
	戸長役場建築修繕費		4.50	7.50
	掲示場費（修繕費）		2.00	2.50
	合　計		115.00	150.00
会議費	俸給（書記給料）		2.50	1.50
	雑給（小使雇給）		1.00	0.75
	諸費（消耗品）		3.50	3.75
	合　計		7.00	6.00
衛生費	衛生委員給与	給料	12.00	
		旅費	8.00	
	同　取扱費	消耗品	7.50	
		臨時雇給	2.50	
	合　計		30.00	※5.00
勧業費	勧業委員給与	委員手当	18.00	30.00
		旅費	2.00	
	同　取扱費	消耗品	10.00	9.00
	合　計		30.00	39.00
歳出総計			182.00	200.00

（注1）市役所所蔵「明治19年・庶務文書」より作成
（注2）※印は「流行病予防諸費」の予算
出典『市史』

表4－6－1（2）　連合村費の各村負担額明治18年度決算

種別	吉祥寺村	西窪村	関前村	境村	合計
戸長役場費	56.円960	14.円686	15.円133	28.円221	115.円000
会議費	3. 464	0. 895	0. 922	1. 720	7. 001
衛生費	14. 847	3. 834	3. 951	7. 368	30. 000
勧業費	14. 847	3. 834	3. 951	7. 368	30. 000
合計	90. 118	23. 249	23. 957	44. 677	182. 001

出典「明治18年度決算書」
（編注）会議費の村別集計では１厘多い

を大きくした点、および区町村会の制度をじょじょに全国一律にしていこうとする傾向がでてきた点が注目される。

第三は、戸長を官選と改めるとともに、戸長の管轄区域を拡大したことである。同じ五月七日に政府は、戸長は府知事、県令が選任することと、ただし、町村人民に三人ないし五人の人物を選挙させ、その中から選任してよいということを、府県に通達した。これと関連して、内務省は五百戸未満の町村は連合して戸長役場をおくこと、ただし、戸長役場の管轄区域が五百戸以上、五町村以上にはならないようにすることを訓示した。政府は行政区画としての町村の規模を一律化すること、その戸長を官選とすることを通じて、全国一律の地方行政の実現をはかろうとしたといってよいだろう。

こうした中央政府の方針にしたがって、神奈川県は明治一七年七月一日より連合戸長役場と連合戸長を設置した。北多摩郡の場合には、五百戸以上という基準に達しているため、もとのままであった府中駅、田無町、砂川村の三つをふくめて、戸長役場は二十一に統合された。これは明治二二年四月の町村合併後における二十三という役場数（三つの組合

表4－6－2　明治18年度四か村村費決算表

項目			吉祥寺村	西窪村	関前村	境村
会議費	俸給（書記給料）		1.円00	0.円50	0.円50	0.円50
	雑給（小使雇給）		0. 50	0. 50	0. 50	0. 50
	諸費（消耗品）		3. 75	1. 50	1. 50	2. 00
	合　計		5. 25	2. 50	2. 50	3. 00
土木費	道路費（東京道修繕費）		21. 75	7. 50	7. 50	9. 00
	浚渫費（呑用水路浚費）					8. 00
	合　計		21. 75	7. 50	7. 50	17. 00
教育費	俸給	教員給料	117. 00	26. 00	38. 00	63. 00
		補助員給料	76. 50	12. 00	19. 00	36. 00
	雑給	小使雇給	4. 50	1. 00	1. 25	6. 75
		旅費	2. 70	1. 25	1. 50	2. 25
	諸費	備付品	5. 20	1. 25	1. 50	4. 85
		書籍器械費	5. 00	2. 05	2. 50	5. 157
		消耗品	24. 255	6. 106	9. 108	24. 40
		借家料		2. 00	2. 50	9. 00
	試験費（雑費）		10. 55	2.00	2. 75	6. 75
	建築修繕費（修繕費）		5. 00	1.00	1. 50	7. 00
	合計		250. 705	54. 656	79. 608	165. 157
歳出総計			277. 705	64. 656	89. 608	185. 157

出典『市史』
（編注）会議費のうち戸長役場費に支出した分は除いてある

村をふくむ)より、二つだけすくない。

武蔵野地域では、関前村に吉祥寺、西窪、境の三か村をあわせた連合戸長役場がおかれ、境村戸長であった平野謙太郎が連合戸長に任命された。このことは、明治二二年四月に四か村が合併して武蔵野村が成立する原型がこのときできたことを示すものだといってよい。関前の延命寺に役場がおかれたことも、武蔵野村の原型となっているが、このとき延命寺との間に別記のような本堂の一部の借用契約がかわされた。

『市史』には表4－6－1のように、連合戸長役場の明治一八年度決算と一九年度予算、および四か村それぞれの明治一八年度決算がでている。これをみると、四か村の連合村会と四か村それぞれの村会(ただし、西窪・関前の村会は統一されていた可能性がある)が併立していたこと、土木費(道路費)や教育費(小学校費)は村(組合村をふくむ)ごとにつくられていたことなどがわかる。

この当時、会計年度は七月から六月までであるから、明治一八年度決算は連合戸長役場が成立したのちの最初の年度の決算であった可能性が高い。これらの予算、決算はまだごく素朴な形をしているが、さきにみた明治一二年の吉祥寺村の議案とは異なって、ほぼ現在のものと同じ形式となっているといってよい。そうなったのは恐らくこの時期からであるとみてよいだろう。

第五章　武蔵野村の成立

――明治の地方自治制と町村合併――

明治二二年(一八八九)四月一日に、吉祥寺、西窪、関前、境の四村と井口新田の飛地とが合併して、神奈川県北多摩郡武蔵野村が成立した。神奈川県の管轄ではあったが、現在の武蔵野市では、これが武蔵野市の発端とされている。境域も、その後まったく変わっていない。

この武蔵野村の成立は、明治二一年四月二五日に公布された町村制の施行と、その施行の前提として大々的に実施された町村合併とに基づいている。町村制は町村の制度を定めた法律として、市制とともに、この時にはじめてつくられた。町村合併は、町村制の施行にそなえて町村の規模を拡大しようとしたものであった。

明治一一年七月の郡区町村編制法で、町村は行政区画として復活したが、全国で約五分の一に減少した町村に、新しい町村制を適用したことによって、町村の面目は一新した。敗戦直後の昭和二二年まで存続した近代日本における町村の制度は、この時に基礎がおかれたといって間違いない。

本章は、武蔵野村の成立を取りあげる。しかし、その記述の大半を占めるのは、町村制を主要な構成要素とする明治の地方自治制の内容や、この自治制の実施を推進した山県有朋の地方「自治」観、あるいは敗戦後の町村合併と対照される明治の町村合併のあり方など、武蔵野村の成立の前提となる事柄である。あらかじめ断っておく。

第一節　明治の地方自治制

町村制は市制とともに明治二一年四月二五日に公布された。これらと、明治二三年五月一七日に公布された府県制と郡制によって、明治の地方自治制が成立したとされている。この地方自治制は明治一六年（一八八三）一二月から明治二三年五月まで内務卿、ついで内務大臣を務めた山県有朋が、「立憲政治の基礎」として憲法以上に重要視し、議会の開設、憲法の施行に先立って制定したものであった。

四つの法律のうち、郡制は府県と町村との中間団体である郡についてのものである。明治一一年七月の郡区町村編制法で、郡は行政区画として復活したが、郡制はこの郡に新しく自治体という性格を与えようとしたものであり、そのために新たに郡会を設置することを定めている。

府県制は、地方最高の行政区画である府県に、以前よりもはっきりと自治体としての性格を認めようとしたものである。府県は廃藩置県以後に地方最高の行政区画となったが、郡区町村編制法と同時に公布された府県会規則と地方税規則によって、自治体としての性格をある程度認められるようになっていた。府県制はそれを一層《いっそう》明確にすると同時に、府県会の構成の仕方を規定し直したものである。

郡制は準備の整った府県で明治二四年四月一日より、府県制は郡制と市制を施行した府県で明治二四年七月一日より、施行されはじめたが、その施行はだらだらと延期されていき、明治三二年三月に府県制と郡制が全文改正されるまで、神奈川県や東京府では両者とも施行されていなかった。府県制についていえば、未施行の府県は三府四県にも上った。

また府県や郡は、「地方官官制」によって規定された国の行政機関という側面が強く、自治体としての性格は弱かった。特に郡の場合には、租税の徴収権も持っていなかった。このため、早くから郡制廃止論が起こり、大正一二年四月一日に郡制は廃止された（行政機関としての郡役所も大正一五年七月一日に廃止された）。

したがって、市制、町村制と府県制、郡制とによって、帝国議会開設当時に明治の地方自治制が成立したとされる場合、重要だったのは市制、町村制であったといって間違いない。このため、府県制と郡制については、右の説明だけにとどめ、必要な事柄は必要な個所でそのつど述べることにする。

これに対して、市制と町村制は最底辺の普通地方団体である市と町村について規定したものだが、その公布に当たっては、「朕、地方共同の利益を発達せしめ、衆庶臣民の幸福を増進することを欲し、隣保団結の旧慣を存重して、ますますこれを拡張し、更に法律を以て都市及町村の権義を保護するの必要を認め、ここに市制及町村制を裁可して、これを公布せしむ」という、かなり長い上諭が付けられた。

これだけでも異例だが、その公布と同時に、両法全体の趣旨とそれぞれの章款の内容を詳細に説明した「市制町村制理由」が出された。これはまったく例外的なことであり、政府が市制と町村制とをどのように重要視していたかを物語るものだといってよい。

そのうち、市制は人口がおよそ二万五千以上の市街地（市制町村制理由）に対して、明治二二年四月一日より順次施行された。市街地の地方団体が公的に市と呼ばれるようになったのは、これが最初である。それまでの郡区町村編制法のもとでは、市街地は区と称されていたが、区の場合、東京の市街地は独立した一五の区によって構成され、それを統括する機関がなかった。これに対して、新しい市の場合には、その全体が一つの市とされた点が最大の相違点である。

町村制は町と村についての制度である。町と村とを区別する基準は公的には示されていなかったが、市街地に準ずるような町並みがあることが、町の条件であったとみてよいだろう。町村制は明治二二年四月一日より、「地方の情況を参酌し、府県知事の具申に依り、内務大臣の指揮を以て」（附則）施行されることになっていたが、明治二二年四月に大多数の府県で実施され、翌二三年の初めまでに、北海道と沖縄県を除く全国すべての府県で施行された。

市制は武蔵野の地域とはまったく関係がない。武蔵野市が成立するのは、敗戦後の地方自治法のもとでのことだからである。そこで、以下では町村制について説明し、市制については、市が町村と異なる重要な相違点だけを附記することにする。

町村制の主要な内容は、次のようなものである。

（一）町村は法人格を持つ自治体であり、一定の範囲で条例・規則を作ることができる。これは伝統的に自治体としての性格を持っていた町村に対して、近代法にもとづく法人格のある自治体という性格を認めたものだといってよい（法文の上に「法人」という言葉がでてくるのは、明治四四年の改正町村制以後である。府県制・郡制では、明治三二年の全文改正後である）。

（二）町村の住民は、単なる住民と、町村の政治に参加する権利と義務を持つ公民とに区別される。住民は公共の営造物などを共用する権利を持つと同時に、町村の負担を分任する義務をもつが、町村の政治に参加することはできなかった。

これに対して、公民は満二十五歳以上の男子で、一戸を構え、二年以上その町村に居住して町村の負担を分任し、その町村内で地租を納めるか、直接国税二円以上を収める者である。公民は町村会の議員などを選挙すると同時に、議員や町村長など町村の一定の役職に選挙される権利と、選ばれた場合にその役職を担当する義務を持つ。

先に見たように、明治一七年五月の改正区町村会法が、はじめて選挙、被選挙資格を全国一律に規定したさいに、明治一一年の府県会規則などとは異なって、すでに本籍という要件を除いていたが、市制町村制でも本籍・寄留の区別は一切なされていない。市制町村制理由がこの点に、とくに言及して「公法上の権利を行うは現実の利害に基づくべくして虚名によるべからず。故に本制においては現行本籍寄留の法によらず」と述べている。なお、参政権を一定の年齢に達した男子だけに限定している点は、明治維新以後の制度を踏襲したものと見てよいだろう。

（三）町村には町村会がおかれるが、その議員は公民によって、公民の中から選挙される。その選挙は二級

（市の場合は三級）の等級選挙となっている。その仕組は、有権者（公民）が支払う町村税を手掛りとして、町村税を多く支払う者から順次加算して、総額の半分に達する者までを一級とし、のこりを二級とし、それぞれの級が同数の議員を選挙するものである。その場合、選挙される者は、二級選挙人が一級で選挙されようと、その逆であろうと、かまわないとされる。いうまでもなく、この等級選挙は町村税を多く納める者、つまり財産の多い者を優遇する制度である。

町村会議員の定数は、その町村の人口に応じて、八名から三〇名の範囲で法律に細かく規定されている。議員の任期は六年で、三年ごとに半数が改選される。議員はすべて名誉職、つまり無給である。

（四）町村会は町村を代表し（ただし、町村の外部に対して町村を代表するのは町村長である）、条例、規則を制定し、歳入歳出の予算を決定し、その決算を承認する。また、町村会は町村長、助役を選挙し、町村長の推薦を受けて、収入役や役場吏員を選任する。さらに、町村会は町村税の賦課、徴収の方法、町村有の財産および営造物の管理方法、町村役場の吏員、使丁の人数、給料、報酬などを定め、また、町村の事務を監査する権利を持つ。

（五）町村長と助役は原則として名誉職であり、満三十歳以上の公民から町村会によって選挙されることになっていた。任期は四年である。有給の町村長と助役の場合には、満三十歳以上の公民という要件がついていなかった。この要件を避けるために、町村長や助役を有給とした例がよくある（市長や市の助役は有給で、任期が六年であり、その市の公民という要件はついていない）。

ただ、名誉職の町村長や助役も、「職務取扱の為めに要する実費弁償の外、勤務に相当する報酬を受くることを得」(第五五条)とされており、全額は高くなかったが、定期的にこの報酬を受けるのが一般的であったから、名誉職だといっても、町村会議員のように無給であったとはいえないように考えられる。

(六)町村長は町村会の議決の執行機関であり、助役以下の吏員を統轄して行政事務を行う(市の場合には、執行機関は市長を長とする合議制の市参事会である)。また、町村長は町村の外部に対して、町村を代表する。さらに、町村長は町村会の議長となり(市議会議長は議員の互選による)、会議を運営する。

町村会の議決がその権限を越えるか、法律命令に背くか、または公衆の利益を害すると認めたときには、町村長は自己の意見によるか、監督官庁の指揮によって、その議決の執行を停止して再議に付し、なお改めないときには郡参事会の裁決を受けなければならない。つまり町村長は町村会の議決の執行機関とされながら、逆に立法機関としての町村会を抑制する権限が与えられていたわけである。

町村制は、自治体としての町村の内部の関係をこのように規定したうえで、上級の行政機関による町村の監督について、詳細に規定している。

(一)町村の行政を監督するのは、第一次的には郡長、第二次的には府県知事、第三次的には内務大臣である(市の場合には、第一次的に府県知事、第二次的に内務大臣である)。監督官庁は町村に対して、行政事務についての報告や予算・決算の帳簿を提出させたり、実地について現況を視察し、出納を検閲したりする権限を持つ。

(二)町村長と助役は町村会で選挙された後に、府県知事の認可を受けなければならない(市長の場合は、市会が三名の候補を推薦し、内務大臣が上奏して勅裁を受ける、という規定となっている)。収入役は町村会で選任された後に、郡長の認可を受ける必要がある。

(三)町村長は国の行政、および府県・郡の行政のうち町村に属する事務を、法律命令に従って実行しなければならない。その費用は特別の規定がない限り、町村が負担する(第六九条)。町村がそのための予算を組まない場合には、郡長が支出額を決めて予算に加える(いわゆる強制予算、第一二二条)。これはいわゆる委任事務についての規定であり、この委任事務については、町村長は上級官庁の指揮命令を受けて実行し、その官庁に対して責任を負うのであって、町村会はこれに関与すべきものではないとされる(機関委任事務)。この国政委任事務は国の法律制度が整備されるにつれてどんどん増加し、町村の行う行政事務の大部分を占めることになった。

(四)条例を定めたり、改正したりする町村会の議決は、内務大臣の許可を受けなければならない。新しく町村の負債を起したり、負債額を増加したりする町村会の議決は、内務大臣と大蔵大臣の許可を受けなければならない。

(五)内務大臣は町村会を解散させることができる。

(六)府県知事と郡長は、町村長、助役その他の町村史員に対し懲戒処分を行うことができる。

町村制は上級官庁による町村の監督についておおよそこのように規定している。したがって、町村制やその他によって構成された明治の地方自治制は、「自治」の制度だといっても、国家機構による上からの統制、いわば「官治」の傾向を刻印されていたといっても過言ではない。後述するように「自治」と「官治」とは、対立するものではなく、むしろ相互補強の関係にあるものとされていた。

明治の保守的国民主義者陸羯南《くがかつなん》は、『原政』（明治二六年）の「分権自治の制と党派」の節で、明治地方自治制の翻訳性、外来性を突きつつ、「かのドイツ人の起草せる市町村制、並びに府県制郡制は、如何に行われつつあるか。浩瀚繁雑《こうかんはんざつ》なる反訳的法律をもって細大を画一にし、内務省の訓令をもって役場の建築雛形をさえ定めたる制度は、名こそ自治なれ分権なれ、その実は集権官治の極」と論じているが、これは必ずしも過酷な批評ではない。ただ羯南の批判の力点は「画一性」「翻訳性」という点にあるから、私たちの視点とはいくらか異なっている。

第二節　山県有朋の構想

明治の地方自治制を制定するにあたって、山県有朋は一方では日本における村落共同体の伝統をふまえると同時に、他方ではプロシアなどドイツ諸法の地方制度を基本として、右に見たような地方制度を作り出した。「開明派」の伊藤博文と対比される「武断派」ないし「官僚派」の総師山県有朋が、憲法の施行、つまり帝国議会の開設に先立って、なぜ地方自治制を制定しようしたのであろうか。その根拠は、相互に密接に関連した、次のようないくつかの企図にあったといってよいであろう。

その一つは、町村など地方団体が「自治」を行うべきものであるということによって、上級官庁を除き、住民以外の集団や個人がその政治に関与することを排除しようとする企図であった。その「自治」とは、住民全体が住民全体にかかわることを自ら治めるという民主主義的な原則を、町村から国政全体にまで貫くという意味の自治ではなかった。

すぐ後で述べるように、町村の内部においていわゆる有力者が支配を行うことは、山県にとって当然の前提であった。有力者が支配する町村にたいして、国家機構を除いて、よそ者が口出しするのを阻止し、町村の自立的な閉鎖性を確保することが、山県のいう地方「自治」であった。この町村の自立的な閉鎖性の確保は、官僚機構が「上から」の統治を貫徹するための前提にほかならなかった。

いいかえるならば、山県は地方団体の「政治」は「自治」であるとすることによって、政党が力をふるう中央政治から、町村の政治を隔離しようとしたのである。

官僚主義者山県も、帝国議会が開設されれば、衆議院において政党、特に明治政府に反対する民党が、多数を占めることを予想していた。政党が力をふるう中央政治の影響が、地方、特に町村に波及するのを阻止することが、山県が地方「自治」を強調した理由のひとつであった。

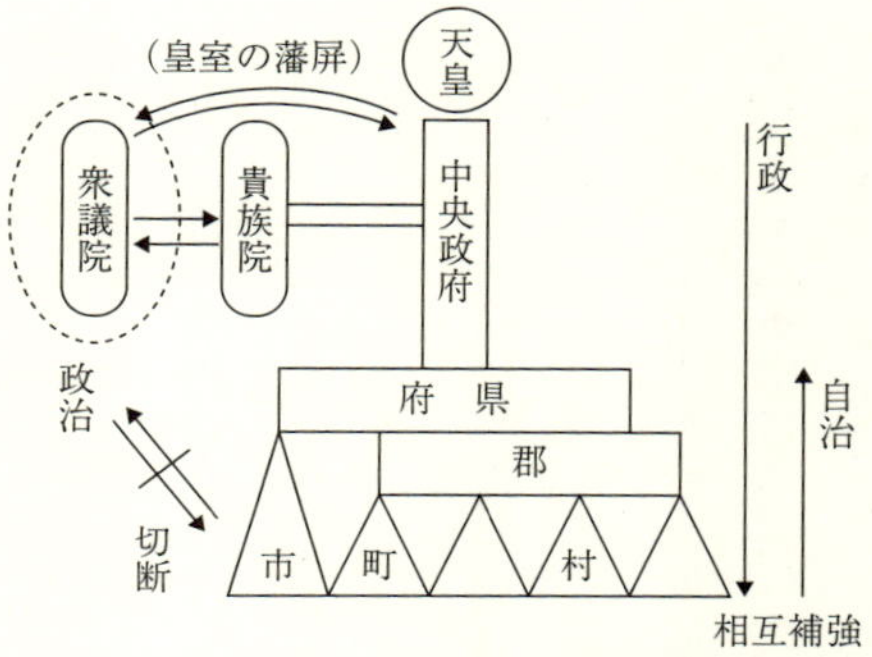

図5－2－1　山県有朋の国家像

山県が重視した、町村の自立的閉鎖性の確保は、その後政党に所属する衆議院議員によって、府県会議員や市町村会議員が系列化されていったために、部分的には崩された。しかし町村内部の支配層は、ある程度変化したにもかかわらず、よそ者にたいして町村の自立的な閉鎖性を確保するという傾向は、敗戦後まで存続したといってよいだろう。

第二は、地方団体の「政治」は「自治」であるとすることによって、その地域内に住む財産のある有力者をそれに参加させ、その地域の秩序の安定を図ろうとする企図であった。このため、明治の地方自治制では、市長と市の助役くらいを例外として、町村長や助役、市町村会議員、郡会議員、府県会議員などは、すべて原則として名誉職とされ、名誉職に選挙された場合には、就任することが義務であるとされた。

町村制や市制では、選挙された者が、正当の理由なくしてその公職に就かない場合には、公民権を停止されたり、市町村税を増徴されたりするという罰を課されることになっていた（ともに第八条）。市制町村制施行後十数年の時期に、町村長・助役や議員で一年くらいだけ務めてやめた人が多かったのは、この罰を避けようとしたためである。

この反面、明治の地方自治制は財産のある者に対して、さまざまな形で有利な地位を保障していた。公民権に財産上の制限が付いていることもその一つだが、選挙で選ばれる公職が原則として名誉職とされることもその一つである。収入の少ない人は公職に就きにくいからである。市会議員が三級、町村会議員が二級の等級選挙となっていたことはすでに述べた。

それだけではなくて、各レベルの選挙では、露骨といってよいようなやり方で、財産のあるものを優遇する制度が設けられていた。市制町村制では、その市町村の公民でなくても、公民の中で最も市町村税を多く納める上位三人のうちの一人よりも多く納税する個人または法人には、選挙権が与えられていた（ともに第一二条）。この規定が効果を持ったかどうかは疑わしいが、このような規定があることは、見逃すことができない。

郡会議員の場合には、四分の三は郡内の町村会か（一町村が一選挙区の場合）、町村会の選ぶ選挙代人（数町村で一選挙区の場合）によって選挙されることになっていたが、残りの四分の一は、地価一万円以上の土地を所有する郡内の大地主によって互選されることになっていた。

府県会議員の場合には、被選挙権が直接国税十円以上を納めるものというように、かなり高額の納税者に限定されていた。また、選挙は選挙区が郡の場合には郡会と郡参事会によって、選挙区が市の場合には市会と市参事会によってなされることになっていた。

こうした複選制は、山県有朋が直接選挙の危険を避けるために定めたものである。山県によると、直接選挙では、彼のいわゆる「空論」家、つまり政党員が、巧みな言論で多数の「無知な」有権者の票を獲得する危険があったからである。

しかし、複選制のもとでは、郡会議員の四分の三と府県会議員の選挙が、市町村会議員の選挙結果に左右されることになる。これは府県会議員による郡会議員と市町村会議員の系列化――これはしばしば政党化となった――をもたらすと同時に、市町村会議員の選挙を激烈にした。

こうした状況は立法者が予期していなかった結果である。明治三二年(一八九九)三月に府県制と郡制が全文改正されるに到った主な理由は、この点にあったのであり、改正後には府県会議員も郡会議員も全員が直接選挙で選ばれることになった。

第三は、財産のある有力者が支配する市町村を、内務大臣－府県知事－郡長という国の行政機関によって監督、統制し、国の統治を社会の底辺にまで貫徹しようとする企図であった。官僚主義者山県の考え方に従えば、国の行政機関の行為は、行政ないし統治であって、政治ではない。政治は、党派《パーティ》つまり部分《パート》がその意思に従って、その利害を実現しようとするものであるのに対して、行政は天皇の意思に従って、天皇の官史が「全体の利益」を実現するために行うものであって、党派の利害から超越したものである。

こうした考えに立つ山県にとって、有力者がおこなう地方「自治」は、国の行政機関がおこなう「官治」と対立するものではなくて、むしろ相互補完の関係にあった。有力者の支配する地方団体を、行政機関の末端に組み込むことによって、国の統治は社会の隅々にまで行き渡るし、逆に地方団体の秩序は、国の行政機関の監督を受けることによって、正しく保たれるのである（図5－2－1参照）。

このように見てくると、明治の地方「自治」制が、上からの「官治」の傾向と、不可分に絡みあっているといわれる理由がよくわかるであろう。また、官僚主義者山県が帝国義会の開設に先立って地方自治制の制定に奔走したことも、よく理解できるだろう。さらに、明治の地方自治制が、地主・豪農層を担い手とする自由民権運動が変容・解体する過程で形成されはじめ、地方自治制の確立とともに地主、豪農層が、社会の底辺において明治政府を支える「支柱」となっていったことも、よくわかるはずである。

第三節　町村合併

町村制は明治二一年四月に公布され、翌二二年四月一日より地方の情況に応じて順次施行されることになっていたが、その施行に先立って、政府は大規模な町村合併を実施した。町村制が予想するような自治能力ないし行政能力を備えた町村をつくることが、必要不可避であったからである。

いうまでもなく、町村は歴史的に徐々に形成されてきたものであり、それぞれが固有の制度や慣習、あるいは財産を持っている。したがって、町村を分合することは容易なことではない。この意味で、町村合併の実施については政府内部にも反対論が根強く存在していた。

しかし、人口の少ない小町村が分立している状況をそのままにして、町村制を施行することはまったく不可能であったといってよい。いま明治一九年一二月末現在における全国の町村七万千五百七十二について見ると、表５－３－１が示すように、戸数四十戸以下の町村は二万二千五百九十七で、全体の三割強を占め、戸数百戸以下の町村は四万八千四百二十で、七割弱という割合となっていた(『自治五十年史』)。このため、政府は町村制の施行に当たり、大規模な町村合併に踏み切らざるを得なくなったのであり、町村制の成否とその施行上の困難は、町村合併の成否にかかっていたといっても過言ではない。

表5－3－1　戸数の少ない町村

明治19年（1886年）12月31日現在

戸数	町村数
0戸	801
1戸以上～10戸以内	2,839
11戸以上～20戸以内	5,484
21戸以上～30戸以内	6,763
31戸以上～40戸以内	6,710
計	22,597

出典『自治五十年史』

明治二一年六月一三日付で、府県知事にあてて出された長文の内務大臣訓令は、「独立自治に耐ゆるの資力なきものは、これを合併して有力の町村たらしめざるべからず」として、町村合併の標準、合併後の町村名の決め方、旧来の町村が所有した財産の処分の仕方などについて、詳しく述べている。その中の町村合併の標準の個所には、おおよそ三百戸ないし五百戸を標準とし、もし地形と民情に故障がなければ、「現今の戸長役場所轄区域」をそのまま合併すること、とされている。

この内相訓令には触れられていないが、町村の飛地の整理が大々的に行われたことも、このときの町村合併の特徴となっている。飛地の帰属は重大な財産上の結果を伴う場合が多いために、紛議を起こすことが珍しくはなかった。

神奈川県では県知事沖守固が中心となって、右の内相の訓令が出る以前から町村合併に取り組んだ。県当局は明治二一年五月二五日に、まず各郡長に対して町村合併をめぐるさまざまな事項について、調査、報告を命じた。その報告を受けた後に、六月、七月、九月の三回にわたって郡区長会（区長は横浜区の長を指す）を開いて、町村合併を具体化していく。

第一回の六月五、六日の会合では、はじめに町村制の施行期日、町村合併と町村組合の適否、町村の共有財産などについて、各郡区長に意見を尋ねた。

そのあとで、沖知事が統括的方針として、(一)本県においては、市制町村制の施行期日は明治二二年四月一日とすること、(二)町村長はすべて名誉職とし、収入役には身元保証金を出させるよう検討すること、(三)最重要の町村合併については、内相の訓令に従って、明治一七年の連合戸長役場の所轄区域の数(二百十一)をおよその標準とし、「小合併」「小独立」は行わないこと、という三点を示した。

第二回の郡区長会は七月九日から数日間開かれるが、各郡区は新しい区画についての見込案を持ち寄る。その案を集計すると、独立町村百六十一、町村組合七十四、合計二百三十五単位となったというが、これをもとにして、具体的に合併をどのようにすすめるかが協議された。

しかし沖知事は、独立町村の設置によるにしろ、町村組合の設置によるにしろ、県への提出書類にはより明確な理由を記載する必要があるとして、(一)田畑、宅地、塩田、鉱泉地、池沼、山林、原野、雑種地などの反別、人口と戸数、(二)国税、県税、町村税、および町村費、町村有財産、負債について、いっそう詳細な調査を行うよう、あらためて指示をした。

この調査が終わった九月四日に第三回の郡区長会が開催された。各郡区は新しい調査をもとにして、町村合併についての新しい見込案を提出したと思われるが、その内容はわからない。

この会で、沖知事は、

「そもそも、町村の廃置分合は本官職権上、これを処分し得べしといえども、また人民の意向を斟酌せざるべからざるは、論をまたざるなり。ただこれを諮詢するに、その時機を誤るときは、かえって人民の不利を醸すの恐れなきを保せず。故をもって、いまだその事を公にせざりき。しかるに、今や各位と共に時機全く熟せりと認定するを得たり」

として、各郡長に対して、町村の廃置分合、新しい町村名、および役場の位置について、町村の戸長、次いで有力者（「重立ちたる人」）の意向を聞くように委任した。

おそらくこの委任を受けた郡長が、管内の町村の戸長や有力者の意向を聞いたうえで、町村合併の素案を作って県に提出したのであろう。県当局は明治二二年三月五日に「町村制施行順序」を定め、さらに三月一一日には町村の廃置分合と名称の変更を定めた「町村分合改称表」を出し、三月三一日をもって施行することを命じた。

この「町村分合改称表」は、神奈川県が管下の町村に対して、（一）分合（町村の組合をつくることはこれにふくまれない）と（二）改称を命じたものである。したがって、飛地のそれをふくむ町村の分離・結合にも名称の変更にも関係がない町村、北多摩郡でいえば田無町や立川村は、名前すらそこに出てこない。『神奈川県史』通史編近代・現代第一巻が、町村合併の結果生まれた町村数と、「町村分合改称表」に出てくる分合後の町村数が大きく異なることからして、「町村分合改称表」はそのままの形で実現されず、町村数ははるかに多く残った、と述べているのは「町村分合改称表」の意味を誤解したためだと考えられる。

こうして神奈川県では従来千三百八十三あった町村が、独立町村二百二十九と残りの九十一町村の構成する二十五の町村組合、合計二百五十四単位となった。町村の総数でいえば三百二十となっている。表5－3－2は関東地方の各府県、および全国における町村合併の合併率を表にしたものであるが（『神奈川県史』による）、これを見ると、神奈川県の合併率は関東地方の中では最も低いが、全国の水準には近いものであったことがわかる。

表5－3－2　神奈川県と関東各府県等の町村合併率

府県名	旧町村数（A）	新町村数	減（B）	合併率
神奈川県	1,383	320	1,063	76.9%
東京府	1,782	110	1,672	93.8
埼玉県	1,908	409	1,499	78.6
千葉県	2,456	358	2,098	85.4
茨城県	2,145	375	1,770	82.5
群馬県	1,219	206	1,013	83.1
栃木県	1,257	171	1,086	86.4
全国	71,314	15,820	55,494	77.8
なお合併率は　×100				

出典『神奈川県史』通史編　近代現代1巻

北多摩郡について見ると、それまで百二十七あった町村が、町村数では三十九、役場数でいえば、独立町村二十と、十九の町村の構成する三つの組合村の計二十三となった。表5－3－3は町村合併後における北多摩郡の町村分合表である。もとの『市史』にある表をもとにし、横書きにするとともに、武蔵野市が成立する昭和二二年までの変動を書き加えた。

最後に明治の町村合併について、一言しておく。明治二一年一二月末現在で全国の区は三十七（東京十五区、大阪四区、京都三区をそれぞれ一区として計算した数字である）、町村は七万千三百十四あったものが、明治二二年一二月末現在では、市三十九、町村は一万五千八百二十となった。町村合併の行われなかった北海

表5－3－3　明治22年（1889年）における北多摩郡の町村分合

新町村名	合併町村数	役場所在地	旧町村名	昭和22年(1947)までの変動
谷保村	2	谷保	谷保村、青柳村、府中駅飛地、是政村飛地、南多摩郡石田村飛地	
西府村	3	本宿	本宿村、中河原村、四ツ谷村、府中駅飛地、谷保村飛地、内藤新田飛地	
多磨村	8	上染屋	上染屋村、是政村、小田分村、常久村、下染屋村、車返村、押立村、人見村、府中駅飛地、上石原駅飛地	
調布町	8	布田小嶋分	布田小嶋分、上石原宿、下石原宿、上布田宿、下布田宿、国領宿、上ヶ給村、飛田給村、大沢村飛地	
神代村	7	深大寺	深大寺村、佐須村、柴崎村、金子村、入間村、大町村、下仙川村、北野村飛地	
狛江村	6	和泉	和泉村、岩戸村、駒井村、猪方村、覚東村、小足立村、下布田駅飛地	
砧村	5	喜多見	大蔵村、喜多見村、宇奈根村、鎌田村、岡本村	
千歳村	8	上祖師ヶ谷	烏山村、上祖師ヶ谷村、下祖師ヶ谷村、八幡山村、粕谷村、船橋村、廻沢村、給田村	昭和11年10月東京市へ
三鷹村	9	下連雀	下連雀村、牟礼村、北野村、中仙川村、新川村、上連雀村、井口新田、野崎村、大沢村、深大寺村飛地、下仙川村飛地、烏山村飛地、小金井村飛地、上石原駅飛地	昭和15年2月三鷹町
武蔵野村	4	関前	関前村、境村、吉祥寺村、西窪村、井口新田飛地	昭和3年11月武蔵野町
小金井村	6	小金井	小金井村、貫井村、小金井新田、梶野新田、関野新田、十ヶ新田、下染屋村飛地、押立村飛地、人見村飛地、本田新田飛地、是政村飛地、上石原駅飛地	昭和12年2月小金井町
国分寺村	10	内藤	戸倉新田、内藤新田、恋ヶ窪村、国分寺村、本多新田、榎戸新田、野中新田六左衛門組、平兵衛組、中藤新田、上谷保新田、本宿村飛地、府中駅飛地	昭和15年2月国分寺町
東村山村	5	野口	野口村、大岱村、久米川村、回り田村、南秋津村	昭和17年4月東村山町
清瀬村	6	中清戸	中清戸村、上清戸村、下清戸村、清戸下宿、中里村、野塩村、下里村飛地	
久留米村	10	前沢	前沢村、南沢村、神山村、小山村、落合村、門前村、柳窪村、柳窪新田、下里村、栗原新田、田無町飛地	
小平村	7	小川新田	小川新田、鈴木新日、回り田新田、野中新田与右衛門組、野中新田善左衛門組、大沼田新田、小川村、久米川村飛地	昭和19年2月小平町

新町村名	合併町村数	役場所在地	旧町村名	昭和22年(1947)までの変動
中神村 築地村 大神村 宮沢村 上川原村 田中村 拝島村 郷地村 福島村		大神村（組合）	郷地村、立川村飛地	明治35年4月 拝島村独立 昭和3年1月 残り8村 昭和村 昭和16年1月 昭和町
横田村 中藤村 三ツ木村 岸村		中藤村（組合）	中藤村、芋窪村飛地、砂川村飛地	明治41年4月 横田村を中藤村に合併、3村組合となる 大正6年4月 村山村
高木村 清水村 狭山村 奈良橋村 蔵敷村 芋窪村		高木村（組合）	芋窪村、中藤村飛地	大正8年11月 大和村
府中駅		府中駅	府中駅、是政村飛地	
立川村		字上立川		大正12年12月 立川町 昭和15年12月 立川市
砂川村		砂川村	砂川村、立川村飛地、青柳村飛地、中藤村飛地（砂川、横田の間、砂川、三ツ木の間にある分を除く）	
田無村		宇下宿		
埼玉県新座郡保谷村			上保谷村、下保谷村、上保谷村新田　合併	明治29年4月 埼玉県北足立郡となる 明治40年4月 東京府北多摩郡へ編入 昭和15年11月 保谷町

出典『市史』、『東京都政五十年史』

道と沖縄を除くと、町村は六万九千六百五十が一万四千二百八十となったから、ほぼ五分の一に減少したことになる。

こののちに町村合併が大々的に行われるのは、敗戦後の昭和二八年一〇月一日より三年間の時限立法として、町村合併促進法が施行されたときである。このときには、面積三十平方キロメートル、人口——戸数ではなくて——八千人ないし一万人が適正規模とされていたが、昭和二八年九月三〇日現在で、市二百八十五、町千九百七十、村七千六百四十、合計九千八百九十五であったものが、昭和三一年九月三〇日現在では、市四百九十八、町千九百三、村千五百七十四、合計三千九百七十五とほぼ四割に減少した。この数字は村の数の減少が大きく目につくが、町村の数の減少の三分の一は、合併して市となるか、市に吸収されたものであった。

二つの町村合併の間を見ると、敗戦を挟んだ六十数年の期間になるが、一万五千八百余の市町村が九千九百になったわけだから、それほど大きくは変動していなかったといってよい。逆にいうと、政府が町村合併を積極的に推進していなかった時期には、市町村の合併はそれほどはすすまなかったということである。

第四節　武蔵野村の成立

武蔵野村は、今までみてきた明治の町村合併によって、明治二二年四月一日に成立した。その三月一一日に、神奈川県が公示した「町村分合改称表」には、すでに吉祥寺、西窪、関前、境の四村と井口新田飛地の合併と、武蔵野村という名称が決まっていたが、それがどのようないきさつでそうなったかは、資料が残っていない。

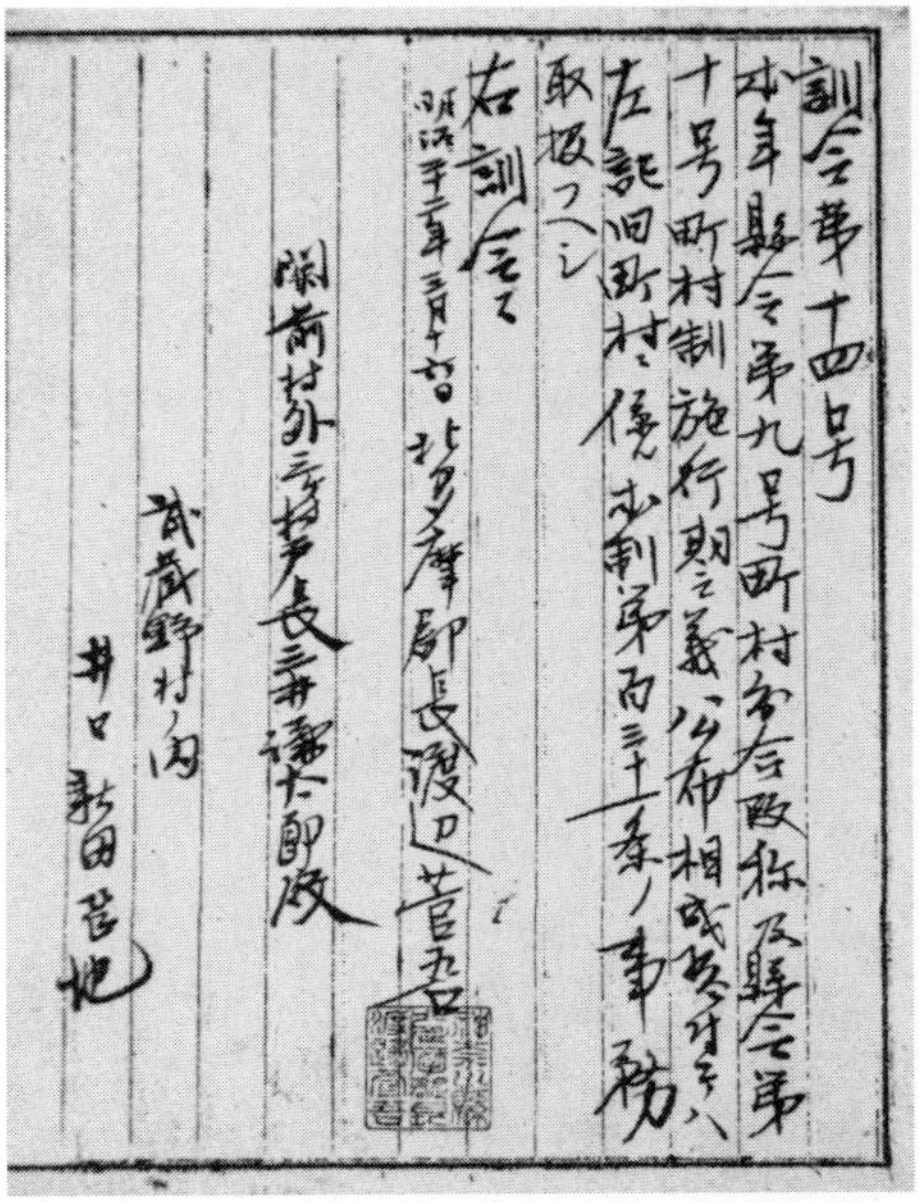

井口新田飛地選挙事務取扱訓令（明治22年3月）

武蔵野村という名称は、旧村のいずれかの名称を取るのを避けて、武蔵野台地にちなんで新しく付けられたものである。実は、埼玉県大里郡に、明治九年五月二〇日から武蔵野村という村があったが、この明治二二年三月三一日に小前田村などと合併して花園村となった。現在関越自動車道の、花園インターチェンジのあるあたりであり、武蔵野という地名は今でもそのまま残っている。

吉祥寺、西窪、関前、境の四か村に井口新田の飛地を加えた境域は、明治一七年七月に成立した連合戸長役場の管轄区域である四か村を原型として、これに飛地の整理という、この時の町村合併の方針にしたがって、井口新田の飛地を付け加えたものである。この井口新田の飛地については、「境浄水場」の章で、現在わかる主な点を述べることにする。

明治二二年四月に武蔵野村とともに成立した村の境域は、その後の町および市の時期を通じて、変わらずに存続している。近隣の三鷹市、小金井市、小平市、保谷市などの場合も同じである。田無市の場合には、明治二二年の町村合併以前から境域が変化していない。合併によって境域が拡大する市町村が多いなかで、これはやや珍しいといってよいのではなかろうか。[註]

註　平成一三年一月に田無市と保谷市とが合併し西東京市となったのはこの周辺の地域では新しい動向の出現といえる。

明治二二年一二月末現在で、新しい村の人口は三千八十九人で戸数は四百八十五戸であった。これは戸数三百戸ないし五百戸という、政府の定めた町村合併の標準の上限に近いものであったが、近隣の三鷹村や小平村と比べると、武蔵野村は必ずしもそれほど大きい村とはいえない。

新しい村会議員十二人は、四月一九日に選挙された（一九日という日付は、河田多左右衛門の履歴書による。村の有力者の履歴書については、『武蔵野市百年史　記述編Ⅰ』第九章参照）。五月一日の村会で、明治一七年以来、連合戸長役場の戸長であった三井謙太郎が新しい村長に選挙され、六月一九日付で神奈川県知事の認可を受けた。選挙から認可までの期間がやや長すぎるような感じがするが、理由はわからない。新しい村長が認可されるまでは、三井が連合戸長として事務を執っていた。村役場は引き続き連合戸長役場のあった関前の延命寺におかれた。

四つの旧村は、その名称のままで新しい村の大字となった。これはいつつくられたものかはっきりとはしないが、明治三八年には全村を十区三十六組に分ける隣保組織ができていた。吉祥寺は五区十八組、西窪は一区四組、関前は一区六組、境は三区八組であった。区には区長、組には組長がおかれていた。

大字よりもむしろこの区が、村（町）の下における非公式の政治組織として、実質上の作用を果たしていたと考えられる。つまり区が、住民からいわゆる部落協議費を徴集し、それを道路の修繕や消防の設備や神社の祭典などの費用に支出していたと思われる。区の数はその後も変化しなかったが、組の数は戸数が増加するにつれて次第に増加し、昭和八年には四十九組となっていた。この組が日中戦争の開始後に再編成されて、町内会と隣組がつくられた（『武蔵野市百年史　記述編Ⅰ』第三十三章参照）。

大字の下の小字名は、意識的に命名されたものではなく、おのずから生まれてきた通称であり、時が経過するにつれて変化した。表５－４－１は、各大字のもとにおける小字名とその変遷を表にしたものである。その場合、田無郵便局からの問い合わせにたいして、村役場が回答した文書を主たる参考にしたことを断っておく。

表５－４－１　小字名の変遷

明治26年6月12日付 田無郵便局への報告		明治36年1月13日付 北多摩郡役所への報告		大正元年10月25日付 田無郵便局への報告		昭和11年9月20日付 行政資料	
大字	小字	大字	小字	大字	小字	大字	小字
吉祥寺	下本宿	吉祥寺	本田南	吉祥寺	本田南側	吉祥寺	本田南
	中本宿		本田北		本田北側		本田北
	上本宿						御殿山
			中道南		停車場		中道南
	中野田		野田南		野田南側		野田南
	大野田		野田北		野田北側		野田北
	北裏				北裏		
	八丁		八丁		八丁		八丁
西窪	山谷（ママ）	西窪	三谷	西窪		西窪	三谷
	通り		本窪		通り北		本窪
			東野				東野
	北裏		中宮		通り南		中宮
			上野				上野
							西耕地
関前	通り	関前	久保	関前		関前	久保
			宮前		通り南		宮前
			大師道				大師道
			八幡附				八幡附
	中通り						中通
			千川堀附		通り北		千川堀附
	北裏		葭窪				葭窪
							樋口
境	本村	境	本村	境	停車場	境	本村
							北本村
							南本村
			寺前		北組		寺前
			寺南				寺南
					西組		山中南
	水吐		水吐				水吐
	三谷（ママ）		山野				山野
	山中		山中				山中
			上水南				上水南
	原		西原		原組		西原
	新橋		上水端		新橋組		上水端
			上水北				上水北
		井口新田	北新田				

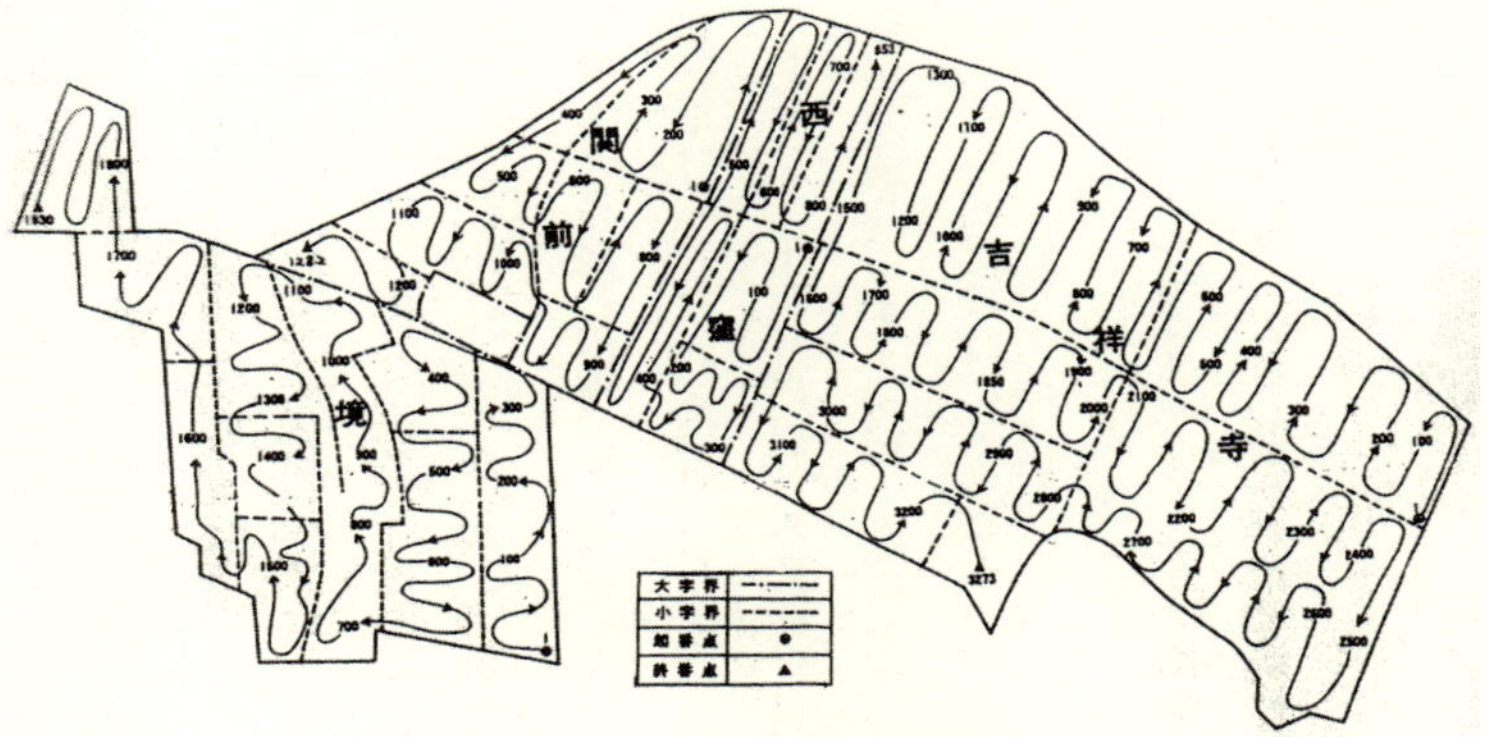

図５－４－１　大字別地番の概略

昭和八年九月に町会は、宮沢小五郎以下七人の発議による四つの建議を可決しているが、その一つは小字名を確定しようというものである。住民が勝手の名称を使うので、放っておくと収拾できないような混乱が起こるというのが、この建議がでてくる背景となっていた。

これに対して大字の番地は明治初年の地租改正の過程で、当局者が村別に定めたものである。明治八年には、すでにできていたようである。番地の付け方は図5－4－1の示すような方針にもとづいていた。吉祥寺は一番地から三二七三番地まで、西窪は一番地から八五三番地まで、関前は一番地から一二八二番地まで、境は一番地から一九三〇番地までとなっていた。

この番地は、武蔵野市となったのちの昭和三八年五月に新しい住居表示が実施（一部）されるまで、そのまま使用された。しかし番地の数が多いために、番地を聞いただけでは、それがどの辺りになるか見当を付けることが難しい。大字の内部で小字名が次々と生まれてきた原因はこの点にあった。

旧村の財産には、利益を生むような資産は存在しなかった。それ以外では、(一)吉祥寺、西窪・関前、境が管理する、吉祥寺、三省、隆明の三小学校の施設、(二)四村が維持した消防の施設、(三)西窪・関前と境が運営した伝染病対策用の火葬地と汚物捨て場、があった。

これらの施設は大字ないし大字組合が、なおしばらくの間、維持運営していたが、小学校は明治三五年に村が管理運営するようになった(『武蔵野市百年史　記述編Ⅰ』第十二章参照)。また、消防の設備は昭和二年に消防組の法律が実現したことによって、村に統合された(『武蔵野市百年史　記述編Ⅰ』第二十六章参照)。さらに、伝染病対策用の火葬地と汚物捨て場は、大正以後には使われなくなっていたといわれるが、昭和一〇年前後に、それぞれ払い下げられた(『武蔵野市百年史　記述編Ⅰ』第十四章参照)。

明治二二年四月における武蔵野村の成立は、町村制度の上における重大な変革であった。同じ四月には甲武鉄道が開通し、まず新宿－立川間に、ついで新宿－八王子間に汽車が走るようになった。さらにその四年後の明治二六年四月には、三多摩が東京府へ移管され、神奈川県北多摩郡武蔵野村は、東京府北多摩郡武蔵野村となった。

これらの出来事は、さしあたりは武蔵野地域の住民の生活にたいして、それほど大きな影響を与えなかったかもしれない。しかし時が経過するにつれて、その影響は次第に大きくなっていく。

第六章　甲武鉄道

武蔵野村の誕生とほとんど同時に、甲武鉄道が開業し、まず明治二二年四月一一日に新宿と立川の間が開通し、引き続いて八月一一日には立川と八王子の間が営業をはじめた。武蔵野地域を横断して鉄道線路が開通し、当初から境停車場（大正八年七月一日より武蔵境となる）が、やがて明治三二年一二月三〇日より吉祥寺停車場が開設されたことは、武蔵野地域の発展にとって、決定的ともいってよい影響を与えた。

ただ、この影響が武蔵野地域の状況にはっきりと現われてくるのは、甲武鉄道が営業をはじめてから二〇年前後が経過した明治の終わり以後である、と付け加えておいた方がよいかもしれない。明治の半ばまでは、民度がまだそれほど開けておらず、鉄道という文明の利器が十分に効果を発揮できるようになっていなかったからだといってもよいだろう。

しかし、甲武鉄道の路線から外れた地域の人々、例えば甲州街道沿いの調布町や府中町、あるいは青梅街道沿いの田無町の人々は、それよりもはるか以前に、街道を往来する人や貨物が減り、町の商店や宿屋がさびれていくのを目のあたりにして、鉄道の路線から外れたことが致命的であったと感じるようになっていた。

明治三〇年に府中町で特別税を新設する際の提案理由には、甲武鉄道が開通して以来、甲州街道の往復が「非常に減少を来し」たために、町の営業者は漸次衰退してきたと書かれていたという（『府中市史』下巻）。

第一節　路線の決定まで

八王子や青梅、五日市は東京と甲斐、信濃あるいは奥多摩とを結ぶ交通上の要地であるとともに、農産物や林産物、生糸や織物などの集散地であった。東京とこれらの地域をつなぐ鉄道を建設しようとする企ては、明治一六年ころにまでさかのぼる。

そのころ、東京や近在の有志が、新宿から玉川上水の取入れ口のある羽村まで、玉川上水の土堤の上に馬車鉄道を敷設する計画を立てて、東京府へ願書をだしたが、これは許可されなかったといわれる。

実は明治の初めに、玉川上水を使って船で貨物の運送が行なわれたことがある。この案もすでに徳川時代からあったが、幕府のあるうちには実現されなかった。維新の変革を経たことによって、政府(民部省土木司)の許可がおり、明治三年四月一五日から貨物運送がはじめられた。これはかなり繁盛したようだが、実際にやってみると上水の汚濁が激しいことがわかり、明治五年五月末で船の運航は禁止された。

馬車鉄道の計画は、恐らくこの事実についての記憶をもとにし、そのさいに船を上流へ引き上げるために整備された、玉川上水の土堤の上の道路を利用しようとしたものであろう。しかし、馬車鉄道の重大な欠点が、馬の糞尿によって道路が汚染されることであってみれば、上水を管理する東京府が許可しなかったのは、むしろ自然であったといってよい。

その後、右の計画の関係者の一人である服部九一は、日本橋区の実業家岩田作兵衛や、元神奈川県知事の井関盛良らを誘って、馬車鉄道を実現しようと努める。岩田らは青梅が石灰石の産地であることを知って、その搬出のために終点を青梅にまで延長すると同時に、地元の有力者を参加させることによって、計画の実現をはかろうと考えた。

ところが、この働きかけを受けた西多摩郡羽村の有力者指田茂十郎や、同郡福生の有力者田村半十郎は、終点を青梅ではなくて、八王子とする方が得策であると説き、岩田らもそれを納得した。しかし、その場合には多摩川へ鉄橋を架ける必要があり、多額の費用がかかることが予想された。

そこで岩田らは第一期計画として、新宿から甲州、青梅の両街道の中間を通って和田、堀の内（現在はともに杉並区）に達し、その後はほぼ五日市街道に沿って西進し、福生を通って羽村に至る路線を定め、明治一七年四月に資本金三十万円の甲武馬車鉄道を設立することを、関係する東京、神奈川、埼玉の知事・県令に出願した。この計画では、途中の砂川村（現在は立川市）から八王子に至る路線は第二期計画とされ、将来はそれを甲府にまで延長することが予定されていた。

明治一七年六月一三日付で、西窪・関前組合村戸長保谷定右衛門がだした、馬車鉄道の敷設に異議はないという次のような上申が残っている。これは岩田らがその四月に出した出願を受けて、北多摩郡長がおこなった問い合せに答えたものであるから、鉄道の路線が西窪・関前を通っていたことは確かである。

「上　申

北多摩郡関前村

西窪村

右は今回馬車鉄道開設、線路関係故障の有無申し出ず可《い》き旨御達し候ところ、本村には一切故障の筋御座なく候につき、此段上申候なり。

一七年六月一三日　　右戸長　保谷定右衛門　㊞

郡長殿

」

ところが、明治一八年五月になって、岩田らは計画を変更し、終点を羽村から八王子に移すと同時に、資本金を三十五万円に増額して、出願をしなおした。新しい計画では、第二期計画として甲府に達する路線だけではなくて、途中から青梅に至る線路をも予定していたが、砂川までの路線はもとの計画のままであったと考えられる。鉄道博物館には、この明治一八年五月の申請に添えられたと思われる、新宿－八王子間の馬車鉄道の路線図が残っている。

明治一九年一一月に至って、この新宿－八王子間の馬車鉄道が免許された。ところが、ちょうどそのころには汽車鉄道熱が高まり、各地で汽車を走らせる計画が立てられた。このため、甲武鉄道の発起人は計画を馬車鉄道から汽車鉄道に変えるとともに、資本金を六十万円に増額して、一か月後の明治一九年一二月に出願をしなおした。

たまたまこれと競合する二つの鉄道計画が現れた。一つは、東京のタバコ商、岩谷松平ら七人が出願した鉄道である。これは甲武鉄道と同じ、新宿－八王子の区間となっていたため、岩田・井関らが岩谷と交渉して、出願を撤回させることに成功した。

いま一つは、横浜の貿易商、原善三郎や八王子の呉服仲買商、谷合弥二ら十二名が、明治一九年一二月に出願した武蔵鉄道であった。これは資本金五十万円で、官設の東海道線の川崎から八王子に至る区間に鉄道を敷こうと計画したものであった。

この出願を受けた神奈川県知事沖守固は、内務大臣山県有朋にあてて、甲武鉄道よりも武蔵鉄道を優先するべきだという上申書を提出した。沖知事によれば、横浜・八王子間の道路は険悪であるため、多摩地域や山梨県下から横浜港へ送られる生糸や織物などの貨物は、従来から東京を迂回していた。甲武鉄道はこの迂回を固定化するおそれがある。それだけではなくて、多摩地域から横浜の県庁へ出向く人々も、甲武鉄道ができれば管外の東京を経由することになるため、県治上も不都合が生じる。

これに対して、八王子から川崎に鉄道を敷いて、官設の東海道線と連絡すれば、多摩地域から人々も貨物も直接に横浜に達することができるし、八王子と東京の間の交通も、甲武鉄道に劣らない便益を受けることができる、というのである。

この上申を受けた山県内相は、新宿－八王子間と川崎－八王子間の鉄道の優劣を比較検討したうえで、明治二〇年三月に次のような理由で甲武鉄道を採用するべきだという意見を内閣に提出した。

多地点を結ぶ鉄道は首府を基点とするべきである。そうではなくて、八王子と川崎の間に鉄道を敷くと、八王子に近い青梅や飯能や所沢からの旅客や貨物は、いったん八王子へ逆行したうえ、さらに川崎を迂回しなければ、東京へ出ることができない。

また、八王子から横浜へ送られる生糸などの輸出品は、量がそれほど多くなく、季節も限定されている。これに反して、八王子から東京の区間では、旅客の往来が多いだけでなくて、輸送する貨物も多種多量であり、かつ沿線に景勝の地もある、と。

内閣の諮問を受けた鉄道局長官の井上勝も、同じような内容の答申を出したといわれる。このため、政府は甲武鉄道を採用することに決定し、会社に対して線路測量図、工事方法、および会社定款を提出するように命じた。明治二〇年五月に私設鉄道条例が公布されると、その六月に甲武馬車鉄道は、先の馬車鉄道の免許を、新しい条例にもとづく汽車鉄道の仮免許とみなしてよいかどうかを東京府知事に伺いでて、よいという返答を七月に受ける。これは政府の確認を経たうえでの返答であるから、ここで馬車鉄道の免許が汽車鉄道の仮免許に変わったということである。

明治二一年二月二〇日に、甲武鉄道株式会社発起人総代奈良原繁は内閣総理大臣伊藤博文に対して、新宿―八王子間の鉄道敷設と会社設立の免許状を下付するように申請した。この申請には、同区間は「日本鉄道会社の線路の一支線とも称すべきものにつき、運輸営業等同会社に依頼し、しこうして線路実測、布設工事の義は、日本鉄道会社同様、万般鉄道局において御経営成し下されたき旨、願い奉り候ところ、幸に御許可に相成り、昨十

甲武鉄道５号機　交通博物館資料

二月より御局において実測御着手成し下され、この頃線路御測定済の趣に付き」云々とあった。

この申請を受けた内閣は、鉄道局長官に諮問したうえで、同年三月三一日に、甲武鉄道会社に対して免許状を下付した。これを受けて、その五月二日に株主総会が開かれ、資本金を九十万円に増資して、甲武鉄道株式会社が創立されることになった。

ところで、会社がこの時に正式に免許を受けた路線は、実際に線路が敷かれた路線、つまり新宿から湾曲しつつ西北へすすみ、現在の東中野の辺りから一直線に立川まで西進し、今度は湾曲しつつ西南へ向って八王子に達するという路線であった。明治二〇年一二月から鉄道局が実測をしていたのも、この路線であったとみて間違いない。

この路線がいったいいつ、誰によって、どのように決定されたのか、ということは、実は謎のまま残されているのである。明治二〇年七月にだされた汽車鉄道の仮免許は、馬車鉄道の免許を切り替えたものであるから、路線はもとのままであったはずである。ところが今述べたように、明治二〇年一二月には、路線は実際に鉄道が敷設された路線に変わってしまっていた。

『百年史資料編』一上には、もう一つ、次のような汽車鉄道の敷設承諾書が載っている。はっきりと汽車鉄道と書かれているから、明治一九年一二月以後のものである。もし、ここに名前がでているように鉄道の路線が四か村のすべてを通るとすると、それは五日市街道沿いの路線ではなかったかと思われるが、これだけでは判断がしかねる。

「承諾書
今般、東京府下角筈村より青梅、八王子両鉄道に達する汽車鉄道敷設の義は、公共有益の事業にして、拙者共かねて希望候に付き、賛成いたすべく候、よって該線路敷設地その他要用の地にして、拙者共所有にかかる分はもちろん、その他とも相当代価をもって売り渡し、故障碍致さざるよう精々尽力申すべく、よって承諾書くだんのごとし

神奈川県北多摩郡吉祥寺村
総代人　安藤七郎　㊞
池田八右衛門　㊞
松井十八郎　㊞
同郡西窪村　井野卯左衛門　㊞
井野奥太郎　㊞
同郡関前村　井口一太郎　㊞
保谷定右衛門　㊞

同郡境村　　後藤銀五郎　㊞

　　　　　　吉野金太郎　㊞

　　　　　　平野佐七　　㊞」

これまでは、人口のより密集していた甲州街道や青梅街道の沿道の人々が鉄道を忌避したために、人家がまれな地域を鉄道が通ることになったと漠然と考えることによって、この問題が見逃されてきた。例えば、昭和二九年刊行の『三多摩大観』には、「最初この鉄道は甲州街道に沿って計画されたのであったが、宿場町の商人が東京に客を吸収されることを懸念して反対し、街道沿いの農民も岡蒸汽の煤煙が桑樹を害すると称してこれに同調した」(『三鷹市史』所引)として、鉄道忌避があったとしている。

しかし、最近注意されるようになってきたことだが、府中にも田無にもどこにも、鉄道が通るのを拒否したというはっきりとした資料は一つも残っていない。それ以前に、甲州街道や青梅街道に沿って鉄道を走らせるという計画も、存在したという証拠がない(青木栄一他編『多摩の鉄道百年』)。

そうだとすると、実際に線路が敷かれた路線が、いつ、だれによって、なぜ決められたのかということは、あらためて問うべき重要な問題となる。また、府中や田無などの人々が鉄道が通るのを反対したという言い伝えが、今なお根強く存在している以上、それを単に「鉄道忌避伝説」として片付けるのでなくて、いつ、なぜそのような言い伝えが生まれたかを、明らかにする必要があるだろう。

鉄道に対する組織的な反対があったかどうかは疑わしいが、逆に鉄道を積極的に誘致しようとした人がいたことは確かである。境の秋本喜七とか、立川の板谷元右衛門、中島治郎兵衛、砂川の砂川源五右衛門などは、そうした人として知られている。のちに武蔵野村長となる秋本喜七は、下連雀村の名主渡辺家の生まれで、境の年寄秋本家を継いだ人だが、まわりの人々だけでなく養父も鉄道に反対するのを説得して、境停車場を自分の家（現在の日本獣医畜産大学の地）の近くへ持ってこようと奔走した。藤原音松の『武蔵野史』には、次のような話が載っている。

「……一夜協議して、東京寄りの地、即ち大師道が現中央線に直交する点（三鷹市上連雀と武蔵野市境との境界線上の点）を停車場敷地とせんとする各村戸長の意志を、当時の中心都市たる田無から南へ一直線の現停車場位置に変更するよう説得につとめたが、容易に決定しなかった。甲論乙駁の末、（一）停車場位置の選定は会社に一任すること、（二）新停車場には、附近各村から村費で停車場まで新たに道路を設けること、の二件を決定散会した。

ここまでこぎ着けた秋本喜七は即刻、身拵えをして草鞋ばきで当年二十七歳の躰躯を五里余の東京に運び、翌朝早々甲武鉄道会社に現われた。会社重役に面会して現境駅の位置を選定されるように、又必要な地所を寄附することを約した。土地の寄附は三井（謙太郎）氏と謀り、秋本の所有地はもとより無償提供し、他氏の所有地は三井氏と共同出資して買収し、これを会社に寄附した。ここに駅舎が建てられ、境駅附近の繁栄の基礎は出来た」

秋本喜七は文久元年（一八六一）の生まれだから、数え年二十七歳という数字が正しいとすれば、これは明治二〇年のこととなる。しかし、言い伝えをそのように厳密に受け取るのは問題かもしれない。現に、当時は連合戸長制が敷かれていたから、停車場の位置をめぐって「各村戸長」が寄り合うことなどはありえないし、秋本自身戸長ではないから、この「戸長」は各村の代表者くらいに受け取らなければならない。

しかし、この話では鉄道の路線が実際に線路が敷かれた路線となっていることが注目される。またこの話は、のちに衆議院議員、東京府農工銀行常務、田無銀行頭取などを務める秋本喜七のやり手ぶりを彷彿させる点でも興味深いといってよいであろう。

右の言い伝えの傍証となる資料が二つあるので紹介しておく。一つは、停車場の位置を当初の計画どおり、上連雀と境の境界線上におくよう陳情しようとした文書である。日付と提出者は不明だが、相手は停車場の位置を最終的に確定するために、現地視察に来る甲武鉄道の役員か誰かであると推定される（『市史』資料編）。

もう一つは、明治二二年一二月六日付の「甲武鉄道へ寄付の地所控」という文書である。これには、秋本喜七と三井謙太郎が境停車場の敷地として寄付をした合計三十三筆（宅地と林が一筆ずつで他は畑である）、九反八畝十七歩の土地が記載されている。その地価は百十七円一銭六厘であり、売買価格は九百四十二円五銭一厘とされている（『市史』資料編）。

第二節　会社の成立と鉄道建設

明治二一年五月二日に、甲武鉄道は株主総会を開いて会社を正式に設立するとともに、資本金を九十万円に増額した。本社は本郷区湯島六番地におかれ、役員には次のような人々が就任した。

社　長　奈良原　繁（日本鉄道会社社長）
常議員　雨宮敬次郎
　　　　井関　盛良
　　　　指田茂十郎
検査役　安田善次郎
　　　　岩田作兵衛

株式は明治二二年度上期までは額面百円で、七十五円払込済みであったが、明治二二年度下期から額面五十円で四十五円払込済みとなった。当初の株式所有状況はわからないが、『立川市史』下巻には、砂川家に所蔵されていた会社の営業報告によって、明治二四年三月三一日現在における株主名簿の要点が紹介されている。それによると、株主の総数は百三十八名で、雨宮敬次郎、安田善次郎のほかに、馬越恭平、益田孝、田中平八といった当時の著名な実業家が名を連ねている。

三多摩の関係では、会社の設立にかかわった田村半十郎が四百七十六株、指田茂十郎が百八十株の大株主であったが、郡別では、

西多摩郡　十七名　千二十二株

南多摩郡　十二名　二百二十株

北多摩郡　四名　二百三十六株

となっていた。西多摩郡では青梅の生糸商が、南多摩郡では八王子の織物業者が多かったといわれるが、北多摩郡では株主は地主であった。その内訳は、砂川源五右衛門（砂川村、八十六株）、田村金十郎（宮沢村、六十株）、中村半左衛門（大神村、六十株）、紅林徳五郎（郷地村、三十株）となっている。

これをみると、三多摩のなかでは鉄道がまったく通らない、西多摩郡の株主の株式保有数が非常に高く、逆に鉄道が通過する北多摩郡と南多摩郡の株主の株式保有数は、西多摩郡の四分の一以下となっている。また、北多摩郡についてみると、株式の所有者は砂川村・立川村より西方の地域の人々に限られている。

甲武鉄道の路線の測量は、すでに述べたような事情で明治二〇年一二月から鉄道局によって開始され、明治二一年三月に終わって、総額八十六万二千六百五十四円という見積りが出された。

鉄道局による鉄道建設の工事は明治二一年七月に開始され、新宿－立川間の十六マイル七十四チェーン（二十七・二キロメートル）は明治二二年三月に、立川－八王子間の六マイル三チェーン（九・七キロメートル）は同年七

月に竣工した。

新宿－八王子間を通して、ほぼ平坦でトンネルはなかった。最大の難工事は、立川－八王子間にあった多摩川と浅川の二つの鉄橋であった。また、立川－八王子間では、丘陵を避けて線路が南方に迂回したが、切り取りや埋め立てによる路面の整備が新宿－立川間の場合よりも、より多く必要であった。

八王子停車場と附属施設は、沿線のうちただ一か所だけ、古くからの町並みの中におかれることになった。このために用地買収が難航し、予定していた位置を変えなければならなくなった結果、その工事は明治二一年一二月になって、やっとはじめられたといわれている。

停車場は当初には、新宿－中野－〔荻窪〕－境－国分寺－立川－〔日野〕－八王子の六か所におかれた。カッコを付けた日野は明治二三年一月六日に、荻窪は翌二四年一二月二一日にそれぞれ開業した。線路が単線であったため、一定間隔で停車場をおき、列車をすれ違わせる必要があったわけである。

関島久雄の「甲武鉄道」(一)(『政治経済論叢』四回連載、昭和三六・三七年)によると、新宿－八王子間の建設費は、車両費をもふくめて、表６－２－１のように六十九万二千四百円余であった。これは日野停車場の建設費までをふくめた金額だと考えられるが、実際にかかった経費は、鉄道局の見積りの約八割ですんだことになる。鉄道局は、実際の経費が見積りを超過しないようにするために、わざと高い見積りをだしていたのであろうか。

新宿－八王子間の鉄道の竣工当時、線路や停車場の敷地は合計で十八万八千二十二坪(六十二万千五百六十二平方メートル)であったが、甲武鉄道の場合も、日本鉄道と同じように、用地の買収や家屋移転料の支払いには、

表6－2－1　新宿・八王子間建設費内訳表

科　目	金　額
	円
線路予測費	1,175.288
工事監督費	11,331.447
用地費	111,912.098
土工費	119,901.115
橋梁費	133,576.438
コルベルト費	11,136.201
伏樋費	3,561.960
軌道費	181,258.259
停車場費	15,765.794
車両費	52,277.651
器械場費	281.844
諸建物費	5,547.235
運送費	19,629.572
建築用汽車費	10,105.062
建築用具費	2,141.797
棚垣及経界杭費	867.330
総係費	9,884.658
電線架設費	2,083.499
合計	692,437.378

出典　関島久雄『政治経済論叢』第11巻
（注）合計は原典のとおり

持主と会社の間に府県庁が介在するという形でなされた（次節の日本鉄道の部分を参照）。

武蔵野四か村では、境停車場の用地が秋本喜七と三井謙太郎によって寄付されたことは前節で述べた。それ以外の鉄道用地については、吉祥寺村の最も新宿寄りの、踏切部分の計五十坪の例がわかるだけである。この例の場合には、明治二一年一一月一五日付で小美濃治郎吉と本橋浜吉という二人の所有者が、連合戸長三井謙太郎と連名で、神奈川県知事に対して十三円余の代金を請求している。その内訳は、畑二十五歩、七円九十一銭六厘、山林二十五歩、五円四十一銭六厘である。坪当たり、畑は三十一銭七厘、山林は二十一銭七厘となる（『市史』資料編）。

家屋の移転については、明治二一年九月に北多摩郡長から境村の三軒に二百円、吉祥寺村の十一軒に千八百九十六円支払うという通知が連合戸長あてに来ているから(行政資料、地名その他の詳細は書かれていない)、鉄道線路にかかった家が十四軒あったことがわかる。その他、樹木の伐採についての損害料を請求したいくつかの例が関島久雄の「甲武鉄道」(四)に出ている。

『立川市史』下巻によると、立川村では十四軒が移転させられたが、移転料は二千六百二十余円であったという。補償の基準は、坪当り居宅は五円五十銭、土蔵は二十円、平屋造り物置四円五十銭、雪隠三円、その他、井戸三十五円、肥だめ三円などとなっていた。それなりの金額が支払われていたといってよいようである。

ここで、会社の設立以後における主な役員の変動、三多摩関係の役員、資本金の増加などをまとめておくことにする。

明治二二年一〇月に、社長の奈良原繁が退いて侯爵大久保利和にかわるが、明治二三年一一月に常議員となっていた奈良原が社長事務代行として復活した。しかし、明治二四年三月には社長と常議員が廃止されて委員となるとともに、三浦泰輔(外相青木周蔵の実弟)が委員長となった。代表が薩摩系から長州系にかわったわけである。

明治二六年七月に委員が取締役に、検査役が監査役と改められるが、引き続いて三浦泰輔が専務取締役として会社を取り仕切っていき、明治三九年の国有化を迎える。

三多摩関係の会社役員は、次のとおりであった。

指田茂十郎　常議員（創立時）
　　　　検査役（明治二四年三月より。後に監査役）
田村半十郎　取締役（明治二九年一一月より）
砂川源五右衛門　監査役（明治三五年七月より。指田の死去による）

本社は最初は本郷区湯島におかれていたが、明治二三年三月に京橋区西紺屋町二七番地に、同二四年一〇月に南豊島郡淀橋町角筈五番地に移り、さらに明治二七年一〇月からは、飯田町停車場の構内に移転した。同時に、技術部もそこに移っている。

資本金は当初には九十万円であったが、明治二六年に百三十五万円に、同二八年に百五十万円、同二九年に三百万円、同三四年に五百万円、同三五年に五百五十万円、と増資を重ねていった。明治三八年度末における払込済み額は二百六十六万五千円であった。

第三節　連絡線の営業状況

甲武鉄道の営業の話に入る前に、その開業当時に周辺でどの程度の鉄道が営業しており、甲武鉄道がそれらとどのように連絡していたか、また甲武鉄道と類似した鉄道にどのようなものがあり、どのような営業状況を示していたか、ということを見ておくことにする。

日本における最初の鉄道として、新橋（汐留）－横浜（桜木町）間の官設の鉄道が、明治五年（一八七二）九月に開通したことはよく知られている。その後、この鉄道は神戸に向かって延長されていき、甲武鉄道の開業当時には、途中の幾つかの区間を除いて、新橋－神戸間がつながろうとしており、明治二二年七月一日には東海道線が全通した。同じ二二年六月一六日には、その支線である大船－横須賀間の鉄道も開業していた。

東京から北、ないし東北の方向へ向かう鉄道は、その当時には私設の日本鉄道株式会社が経営していた。この会社は経営という点だけでなくて、建設の仕方という点でも、甲武鉄道と深い関係があるので、簡単にその成り立ちなどを説明しておく。

明治一〇年の西南戦争の戦費とその後のインフレのために、政府による鉄道建設は資金が枯渇し、停滞を余儀なくされた。日本鉄道はこの機会に華士族の有志によって、華士族に対する授産事業という意味を込めて計画されたものであり、明治一四年一一月に政府から「日本鉄道会社特許条約書」を下付されて成立した。当初の資本金は二千万円であり、その後に現れる私設の鉄道会社と比べると、けたはずれに大きかった（明治二一年一月創立の山陽鉄道会社が千三百万円でこれに次ぐ）。

「特許条約書」は、初めて私設鉄道を許可するにあたって、政府がそれに対する許可の条件とともに、補助の条件を記したものであり、三十二カ条から成っている。その主要な条項は次のようにまとめることができるだろう。

（一）日本鉄道が東京より前橋、および青森に至る鉄道を営業することを認める。

（二）鉄道用地について、官有地は無賃で会社に貸与する。民有地は公用土地の買上げ規則によって政府が買上げたのち、会社へ払い下げる。

（三）鉄道に属する一切の土地については、国税を免除する。

（四）株金に対して年八分の配当ができるように、政府が一定期間について援助を与える。

（五）東京・前橋間の鉄道建設工事は、工部省の鉄道局が実施する。

（六）特許状の期限は九十九か年とするが、満五十年が経過したのちには、政府がいつでも鉄道を買い上げる権利を持つ。

この「条約書」にもとづいて、日本鉄道は上野－前橋間だけではなくて、大宮－青森間をふくむ全区間の建設工事を鉄道局に委託した。そればかりではなく、営業をはじめた当初には、日本鉄道は狭義の「営業業務」だけを自営し、その他の「汽車の運転」、「機関車・車両の修繕・検査」、「線路の保守」といった業務は、鉄道局に委託していた。

委託されていた業務の一部は、その後に返還・再委託という複雑な経過をたどるが、日本鉄道がすべての鉄道業務を自営するようになるのは、建設工事が全部終了したのちの、明治二五年四月一日以後のことであった。鉄道局にどのように大きく依存していたかがわかるであろう。

線路の開通状況をみると、上野を起点として、明治一六年七月二八日に熊谷まで、翌一七年五月一日に高崎まで、同じ八月二〇日に前橋までが開通した。一方、この中間の大宮を起点として、明治一八年七月一六日に宇都宮まで（利根川鉄橋が完成したのは明治一九年六月である。それ以前はその部分は渡船で連絡していた）、明治二〇年七月一六日に郡山まで、同じ一二月一五日に仙台の先の塩釜までが開通した。

これが甲武鉄道の開業当時までの状況であり、その後の明治二三年一一月一日に盛岡まで、明治二四年九月一日に青森までが開通し、上野－青森間が線路でつながることになった。東海道線の全線開通に遅れること、二年二か月であった。

これより先、日本鉄道は自社の線路と東海道線とを連絡するために、赤羽－品川間の鉄道を建設しようとしたが、この路線は明治一八年三月一日に営業をはじめた。停車場は赤羽、板橋、＊目白、新宿、渋谷、＊目黒、品川の七つであり（＊印の停車場は三月一六日に開業した）、当初より官設の新橋から品川を経て赤羽に至る区間の直通運転が行なわれた。汽車の運行ははじめには一日三往復であったが、三月一六日からは一日四往復に増加された。所要時間は新橋－赤羽間が片道で初めには一時間十五分であったが、同じ一八年一一月一日からは、一時間に短縮された。所要時間は現在とそれほど大きくは違わないのに、運行回数が少ないのには驚かされる。

ここで、甲武鉄道と同じように、日本鉄道の「支線」という性格を持った二つの鉄道のことに触れておきたい。その一つは水戸鉄道であり、いま一つは両毛鉄道である。両鉄道とも、甲武鉄道と同様に、鉄道局によって測量と建設が行われた。

このうちの水戸鉄道は、日本鉄道の小山と水戸の間を結ぶ鉄道（現在のＪＲ水戸線）であり、明治二二年一月一六日に開業した。業務は日本鉄道に委託されていたが、当初から経営状態が思わしくなく、早くも明治二五年三月一日には日本鉄道に譲渡された。

もう一つの両毛鉄道は小山と、同じ日本鉄道の前橋との間をつなぐ鉄道（現在のＪＲ両毛線）であり、明治二二年一一月二〇日に全線が開通した。この鉄道も、当初は日本鉄道に業務を委託していたが、明治二五年一〇月一日から自営に踏み切った。しかし、沿線に伊勢崎、桐生、足利といった製糸、織物の生産地を持つこの鉄道も、経営がうまくいかず、明治三〇年一月一日から日本鉄道の経営となった。

こうして、甲武鉄道と相前後して生まれ、ともに日本鉄道の「支線」という性格を持つ二つの鉄道は、まもなく日本鉄道に吸収されていった。甲武鉄道はこれとはまったく逆に、順調な発展の道をたどった。これには、東京の近郊という地理的位置にあること、東京から信州を経て名古屋に至る幹線上にあること、といった二つの条件が決定的であったと考えられる。そうして、このうちの第二の条件が、日露戦争後に甲武鉄道が国有化される条件となった。

第四節　開業と初期の営業状況

甲武鉄道は明治二二年四月一一日に新宿－立川間が、同年八月一一日に立川－八王子間が開業して、新宿－八王子間が全通した。開業式はこの全通の機会に八王子で実施された。こうして甲武鉄道が発足したが、当初には鉄道業務はすべて日本鉄道などに委託されていた。

つまり線路の保守業務以外は日本鉄道に委託された。線路の保守業務は、はじめには建設工事を実施した鉄道局が担当したが、明治二三年一一月からは、これも日本鉄道に委託された。こうした鉄道業務の委託はこの当時広くみられたものであるが、区間の短い鉄道が独立して経営をすると経費がかさむということと、熟練を積んだ人員が少なかったということとが、その理由であった。

しかし、甲武鉄道の側には、もともと独立した形で経営をしたいという強い欲求があった。明治二四年に入り、日本鉄道との間の三年間という業務委託契約の期限が迫ってくると、どのような困難をも乗り越えて自営をしようという動きが現れ、同年一一月一日から念願がかなって、甲武鉄道の自営が実現されることになった。

それとともに、甲武鉄道と日本鉄道および官設鉄道との間の連絡運輸についての取扱規定が、あらためて作り直されることになる。

境停車場（明治38年）

甲武鉄道は新宿を重要な拠点としており、のちにはそこから八王子の方向とは逆に、東京の市街の方向へ線路が延びるようになる。しかし当初の新宿停車場には、日本鉄道の施設を借りていたため、向待合（板屋根本建、十六・六坪と建築事務所（朶板葺《だいたぶき》仮建、三十一坪）があっただけである。

鉄道業務の中心となっていたのは、終点の八王子停車場であり、そこには表6－4－1が示すように、汽車の運転に必要なすべての施設がおかれていた。当初から人力車置場があったのはここだけであるが、それは停車場が町並みの中にあったためだといわれている。

境停車場は国分寺停車場とまったく同じ規模であって、立川よりはやや狭く、中野や日野よりはやや広いものであったが、その施設は表6－4－2のとおりであった。どの停車場にも駅長舎が附属しており、かつその広さがすべて約二十坪となっていた点が注意を引く。

機関車は、英国のナスミス・ウィルソン社製の一B一形タンク機関車もしくはニールソン社製の二B形タンク機関車が使用された。表6－4－3は各年度末の車両数である。車両数から判断すると、旅客列車は上・中等混合車一両と、緩急車（手動ブレーキ装置を備えた車）をふくむ下等車、三両ないし四両で編成されていたと推測される。

表6－4－4は、明治二二年四月の開業直後の時刻表である。一日四往復であるが、上り下り各一列車が新橋発着の直通列車であった。日本鉄道や官設鉄道の、主要な停車場との間の連絡切符も発売されていたことはいうまでもない。明治二三年六月一日から時刻表が変わって一日五往復となり、スピードも幾らか増しているが、新橋との間の直通列車はなくなっている。

表6－4－1　八王子停車場施設

本屋	1	瓦葺本建	坪 78.00
荷物小屋	1	柿《こけら》葺掘建	64.00
客車庫	1	瓦葺本建	135.00
汽車庫	1	同	34.00
桐油干場	1	柿葺掘建	6.25
ランプ室	1	煉瓦造亜鉛引鉄板葺	3.00
駅長舎	1	瓦葺本建	20.25
機関手及火夫舎	2	同	81.00
物置	1	同	4.50
便所	1	柿葺本建	6.00
人力車置場	1	同	18.00
建築事務所	1	杂板葺本建	27.00
同物置	1	同	4.00
汽車課事務所	1	柿葺本建	15.75

表6－4－2　境停車場施設

本屋	1	瓦葺本建	坪 42.75
駅長舎	1	柿葺本建	20.25
荷物小舎	1	柿葺掘建	18.00
物置	1	柿葺本建	2.00
便所	1	同	7.00

表6－4－3　機関車・客貨車両数

明治22年（1889年）～25年（1892年）年度

<table>
<tr><th>種別＼年度</th><th>22</th><th>23</th><th>24</th><th>25</th></tr>
<tr><td>機関車</td><td>両
2</td><td>両
2</td><td>両
3</td><td>両
3</td></tr>
<tr><td>上等中等混合車</td><td rowspan="4">9</td><td>2</td><td>2</td><td rowspan="4">16</td></tr>
<tr><td>下等車</td><td>9</td><td>9</td></tr>
<tr><td>下等緩急混合車</td><td>1</td><td>1</td></tr>
<tr><td>旅客緩急車</td><td>2</td><td>2</td></tr>
<tr><td>屋根貨車</td><td rowspan="3">20</td><td>22</td><td>22</td><td rowspan="3">48</td></tr>
<tr><td>無蓋貨車</td><td>5</td><td>5</td></tr>
<tr><td>貨物緩急車</td><td>1</td><td>1</td></tr>
<tr><td>合計</td><td>31</td><td>44</td><td>45</td><td>67</td></tr>
</table>

出典『日本国有鉄道百年史』第1巻

旅客の輸送という点で忘れてはならないのは、花見客のための臨時列車である。実は明治二二年四月一一日に、甲武鉄道が開業式も行わないまま、慌ただしく営業をはじめたのは、玉川上水の桜に遅れないためであったという。この年には、四月一七日から三〇日まで、新宿－境間に毎日一往復の臨時列車が運行されている。

翌明治二三年には、四月七日以後に毎日新宿－境間に一往復、新宿－立川間に二往復、合計三往復の臨時列車が運転され、その後も桜の季節には毎年運転された。

桜の季節は二一世紀初頭の現在より、十日ないし二十日前後遅かったようである。花見のコースは、例えば境停車場で降りて北行し、現在の桜橋のあたりから玉川上水の堤を花を見物しながら西進し、喜平橋のあたりから国分寺停車場へ出て、列車に乗って帰京する、というのが代表的な一例であった。

人口が希薄な地域を走る現在の路線が選ばれた一つの理由は、玉川上水の花見客であったように思われる。

運賃は下等、中等、上等の三等級に分けられ（明治三〇年より三等、二等、一等となる）、下等は一マイル（一・六

表6－4－4　新橋・立川間列車時刻表

明治22年（1889年）4月11日現在

種別／駅名	下り				種別／駅名	上り			
	午前					午前	午前	午後	午後
新橋発	6:30				立川発	8:40	11:20	4:10	6:50
品川発	6:39				国分寺発	8:54	11:34	4:24	7:04
目黒発	6:47				境発	9:07	11:47	4:37	7:17
							午後		
渋谷発	6:56				中野発	9:30	12:10	5:00	7:40
新宿着	7:04	午前	午後	午後	新宿着	9:40	12:20	5:10	7:50
新宿発	7:14	10:00	2:20	5:30	新宿発				8:00
中野発	7:25	10:11	2:31	5:41	渋谷発				8:09
境発	7:48	10:34	2:54	6:04	目黒発				8:18
国分寺発	8:01	10:47	3:07	6:17	品川発				8:26
立川着	8:14	11:00	3:20	6:30	新橋着				8:35

出典『日本国有鉄道百年史』第2巻

キロメートル）につき一銭二厘と定められた。当初には中等は下等の二倍、上等は三倍であったが、明治二五年一二月から、中等は下等の約五割増、上等は中等の約五割増というように値下げされた。表6－4－5は各停車場の相互の間における下等の運賃である。

　その当時における物価を見てみると、東京では標準価格の白米十キログラムの小売値が四十六銭、もりそば・かけそばが一銭、はがきが一銭で封書が二銭、大工の手間賃が平均一日五十銭といった状況であったから、運賃はそれほど安いものではなかったといってよいだろう。

　旅客および貨物は年とともに増加していった。表6－4－6は明治二二年から二五年に至る各年度（四月から翌年三月まで。明治二三年度は不明）の輸送量と収入とを、各停車場別に集計したもの

表6－4－5　新宿・八王子間の下等運賃表

新宿							
3 銭	中野						
6	3 銭	荻窪					
12	9	6 銭	境				
17	14	11	5 銭	国分寺			
22	19	16	10	5 銭	立川		
25	22	19	13	8	3 銭	日野	
30	27	24	18	13	8	5 銭	八王子

出典『日本国有鉄道百年史』第2巻

である。貨物は斤（六百グラム）で表示されているが、そのままにしておいた。

　輸送量と収入は着実に増加している（ごく一部には前年度より減少した例がある）といってよい。しかし、旅客について一日当たりの輸送量を見ると、明治二四年度が九百八十九人、明治二五年度は千百三十六人ということになる。もし明治二三年六月の時刻表改正後と変わりがなく、一日五往復十列車とすると（臨時列車もあったはずだが、これは度外視する）、一列車当たりの乗客は明治二四年度が九十九人、明治二五年度は百十四人であったことになる。

　この数字は始発駅から終着駅までの間に、一列車に乗車した旅客の数であるから、常時列車に乗っている旅客数は、恐らくその半分ないし三分の一前後であったであろう。列車の編成が先に推定したくらいだとすると、朝・昼・夜という時間帯にもよるが、客車はかなりすいていたはずである。

　貨物の収入は、明治二二年度が旅客の二十三パーセント、

表6－4－6　甲武鉄道駅別輸送量および収入

明治22(1889) ～25(1892) 年度

種別 / 駅名その他 年度	輸送量					
	旅客			貨物		
	22	24	25	22	24	25
	人	人	人	斤	斤	斤
新宿	91,591	119,401	137,619	9,079,931	15,113,891	37,594,608
中野	11,283	12,994	12,924	372	60,669	858,792
荻窪		4,282	20,881		28	111,130
境	20,869	30,758	32,995	326,866	757,357	1,102,958
国分寺	21,780	35,003	38,591	303,795	2,019,132	3,065,105
立川	45,545	31,193	36,058	5,759,889	3,421,826	22,179,217
日野	4,449	19,592	21,048	5	35,822	355,081
八王子	61,090	97,210	102,261	1,764,757	3,425,090	4,669,583
他線扱い	12,512	10,458	12,338	11,229,704	9,673,332	16,600,892
合計	269,119	360,891	414,715	28,465,319	34,507,147	86,537,366

種別 / 駅名その他 年度	収入								
	旅客			貨物			合計		
	22	24	25	22	24	25	22	24	25
	円	円	円	円	円	円	円	円	円
新宿	20,921	27,268	29,462	5,165	11,971	16,635	26,086	39,239	46,097
中野	1,126	1,315	1,149	4	21	346	1,130	1.336	1,496
荻窪		327	1,602		1	58		328	1,660
境	2,540	3,796	3,956	138	253	385	2,678	4,049	4,341
国分寺	3,197	5,231	5,766	132	705	1.033	3,329	5,936	6,799
立川	8,400	4,833	5,335	1,414	1,403	4,197	9,814	6,236	9,532
日野	399	1,788	1,866	2	30	117	401	1,818	1,983
八王子	15,020	22,239	23,100	1,925	3,617	4,342	16,945	25,856	27,442
他線扱い	3,248	2,928	3,121	3,900	4,038	5,085	7,148	6,966	8,206
合計	54,851	69,725	75,357	12,680	22,039	32,198	67,531	91,764	107,555

出典『日本国有鉄道百年史』第2巻

二四年度が三十二パーセント、二五年度が四十二パーセントとなっている。それと並んで注目されるのは、明治二五年度から立川停車場の貨物収入が急増しはじめることである。

表6－4－6ではまだそれほどよくわからないが、『立川市史』下巻には明治二四年度下期から明治三三年度下期までの（途中に欠けた部分もある）、立川、境、国分寺、および八王子の、四停車場の旅客および貨物収入を示した表が掲載されている。

それによると、立川の旅客および貨物の収入は、明治二六年度がそれぞれ五千七百二十四円と一万二百三十五円、明治三三年度が九千七百七十三円と二万八千八百二十円となっている。貨物収入が旅客収入をはるかに超えているが、この二万八千八百二十円という数字がいかに大きいものであるかは、同じ明治三三年度の八王子の貨物収入が七千五百六十四円であることを知れば、容易にわかるだろう。もっとも、同年度の八王子の旅客収入は五万千六百四十一円である。

立川の貨物収入が急増する主な原因は、明治二四年度下期に、多摩川の川原へ引込線を敷いて、砂利の採取をはじめたことにある。この当時、道路や鉄道の建設が盛んになったために、砂利の需要が大きくなったが、それにうまく対応した結果が、貨物収入の急増であった。

しかし、逆にみれば、このことは、農産物や林産物、酒・醤油などの食糧品、あるいは生糸・綿糸や織物といった繊維製品など、私たちが通常念頭におくような商品の輸送が、まだいかにわずかであったかを、物語るものだといってよい。これは旅客輸送の面で花見客があてにされていたことと、まさに相対応する。

表6－4－7　収支の状況

年度＼種別	収入				支出				
	旅客運賃	貨物運賃	その他	計	営業費	本社費		その他	計
	円	円	円	円	円	円		円	円
明治22年（1889年）	54,851	12,680	10,050	77,581	26,394	3,776		—	30,170
					保存費	汽車費	運輸費	総係費	
明治24年（1891年）	69,725	22,039	6,290	98,054	10,141	15,203	8,420	5,221	38,985
明治25年（1892年）	75,357	32,198	4,246	111,801	7,532	13,862	10,133	4,364	35,891

出典『日本国有鉄道百年史』第2巻

最後に、会社の営業状況を見ておく。表6－4－7は明治二二年から二五年までの（二三年は不明）収入・支出の状況を、表6－4－8は利益・配当の状況を示すものである。

旅客列車の本数や旅客の数も、貨物の数量も、必ずしもそれほど多くはなかったが、会社の営業成績はかなり順調であったといってよい。これは旅客運賃も貨物運賃も、ある程度高い水準に設定されていたからだとみてよい。

表6－4－8　利益・配当の状況

年度	純利益	配当金	配当率
	円	円	%
明治22年（1889年）	47,411	42,356	
明治24年（1891年）	59.069	53,460	6.6
明治25年（1892年）	75,910	66,015	8.15

出典『日本国有鉄道百年史』第2巻

第五節　市街線と複線・電化

十七年六か月にわたる甲武鉄道の歴史において、最も重要な発展は、いわゆる市街線の開通と電車の運転であったといってよいであろう。市街線とは、新宿から都心に向かう路線であり、日清戦争中の明治二七年一〇月に、新宿－牛込間が、次いで翌明治二八年四月に新宿－飯田町間が全通した。それとともに全列車が、飯田町発着となると同時に、飯田町－新宿間の短距離の列車が多数（それまでと比較しての話であるが）、運転されることになった。

市街線の開通から十年近く過ぎた明治三七年八月に、中野－飯田町間で電車の運転がはじまり、その一二月三一日には、中野－御茶ノ水間に延長された。この電車の導入は、短い区間を短い間隔で運転するには、汽車よりも電車のほうがはるかに優るという事実にもとづくものであった。甲武鉄道の電車は、現在から見ると路面電車とほとんど変わりがないものであったが、軌道条例ではなくて私設鉄道条例にもとづく電車としては、日本最初のものであった。

市街線の開通と電車の運転は、さしあたりは武蔵野地域にたいしてほとんど影響を与えなかったと見た方がよいかもしれない。しかし、電車の運転から十五年近く過ぎた大正八年三月には、吉祥寺－東京間の電車運転がはじまり、その後における武蔵野地域の急激な発展をもたらした。

甲武鉄道は新宿－立川間の営業をはじめた直後に、新宿から立川とは逆に、東京の都心へ向かう線路、市街線を開設することを計画していた。この計画にきっかけを与えたのは、陸軍の当局者の意向であったといわれる。

かねてから陸軍の当局者は、東京市内において兵員をすみやかに輸送できるようにする施設をつくることに関心を持っていた。これとは別に、陸軍卿大山巌が日本鉄道会社に対して、新宿から小石川の砲兵工廠（後楽園のある水戸藩邸の跡にあった）に至る線路を敷設してほしいという意向を伝えたことがあったという。

こうした事実を知った甲武鉄道の常議員雨宮敬次郎と検査役の岩田作兵衛は、市街線の計画を立て、明治二二年七月には仮免許を得ていた。当初の計画は、新宿から真東に向かい、本村町を経て市ヶ谷にすすみ、そこで外堀の内側へ入って三崎町（水道橋の南方）に達するというものであった。

ところが、やがて終点は三崎町から飯田町に変わるとともに、路線も現在の中央線と同じものとされ、明治二四年一二月から新しい路線の測量がはじめられた。しかし、鉄道の開通にはなお三年近く、当初から数えると五年以上の歳月がかかることになる。

これには幾つかの事情が原因となっている。一つは用地の取得が難航したことである。終点が三崎町でなくなったのも、停車場の予定地が手に入らなかったからだが、路線の変更にもこの土地取得の問題が絡んでいた。しかし路線変更後には、路線が新宿御料地や代々木練兵場にかかったため、面倒な折衝が待っていた。陸軍の当局は、日清戦争直前には、新宿から青山練兵場へ軍用線を敷き、そこに軍用停車場をつくって兵員輸送に当たらせるというように、甲武鉄道を大いに利用することになるのだが、それと用地の折衝とは別であった。

第二は、明治二一年から東京市の市区改正事業、つまり都市改良事業がすすめられていたために、それと甲武鉄道の路線計画との調整をする必要があったことである。第三は、明治二五年六月に鉄道敷設法が公布され、新宿－八王子間の鉄道が幹線鉄道の一部に指定されたことである。この結果、当局者の中には、将来国有化されるはずの私設会社に新しい免許を与えるのはまずい、という意見が出てきたわけである。

こうした事情で遅れたが、甲武鉄道は明治二六年三月に市街線の免許を受け、その七月から建設工事をはじめた。こうして、日清開戦に伴う軍事輸送が一段落した明治二七年一〇月九日に、新宿－牛込間の三マイル四十チェーン（五・六キロメートル）が開業し、翌二八年四月三日には牛込－飯田町間の四十チェーン（八百メートル）も営業をはじめた。

線路は最初は単線であったが、飯田町開業後の五月に複線化を出願して工事をはじめ、明治二八年一二月三〇日に新宿－飯田町間が複線化された。停車場は新宿－信濃町－四谷、市が谷－牛込－飯田町の六つであったが、明治三四年二月に、新宿と信濃町の間に千駄ヶ谷が新設された。

これは当初から電車の線路として計画されたものであるが、市街線はその後、日露戦争中の明治三七年一二月三一日に、飯田町－御茶ノ水間六十五チェーンが開業した。さらに万世橋までの工事が実施されはじめたが、それがまだ完成する前の明治三九年一〇月一日に甲武鉄道は国有化されたため、その完成は国有鉄道の手にゆだねられることになる。

『日本国有鉄道百年史』第二巻は、市街線が開通すると、貨物に比べて旅客の取扱量が三倍近い伸びを示したが、運輸延べマイル程は一・六倍の伸びにとどまっていたから、近距離の旅客が増加したと考えられると述べている。つまり、市街線の開通によって、旅客の輸送形態が変わったというわけである。

しかし同書には、具体的な列車の運転状況はでていない。そこで当時の『汽車汽船旅行案内』を見ると、飯田町発の下り列車は表6－5－1のとおりとなっていた。一日あたりの列車本数は二十二本であり、そのうち八王子行きが六本、国分寺行きが四本、新宿行きが十二本であった。甲武鉄道の開通当初と比べれば、列車の本数が増えたといってよいかもしれないが、まだこの程度の状況にすぎなかった。

こうして、甲武鉄道は東京の中心部へ乗り入れることになったが、その当時、東京市内の交通機関として技術的に最もすすんでいたのは、馬車鉄道であった。しかし、市街線の開業当時には、東京馬車鉄道が経営する路線が一つあっただけである。それは明治一五年一〇月に開業したもので、新橋－日本橋－上野－浅草－日本橋－新橋というループ状の路線であった。

明治三〇年一二月になって、品川馬車鉄道が新橋－品川間の路線を開業するが、明治三二年には、この会社は東京馬車鉄道に吸収されてしまった。

明治三六年八月に東京馬車鉄道が東京電車鉄道に生まれ変わり、東京最初の路面電車を新橋－品川間に走らせたことによって、一挙に市内電車の時代が始まった。それとともに、東京電車鉄道、東京市街鉄道、東京電気

表6－5－1　甲武鉄道の運転状況

飯田町発下り列車　明治28年6月現在

全列車数22本　うち	八王子行き	6本
	国分寺行き	4本
	新宿行き	10本

始　発	国分寺行き	5時00分
終　発	新宿行き	21時48分 （八王子行き最終　21時01分）
所要時間	新宿行き	約　22分
	国分寺行き	1時間 5分
	八王子行き	1時間43分

表6－5－2　甲武鉄道の運転状況

飯田町発下り列車　明治33年5月現在

全列車数33本　うち	八王子行き	7本
	国分寺行き	2本 （終点は川越線経由、川越）
	中野行き	2本
	新宿行き	22本

始　発	八王子行き	5時00分
終　発	新宿行き	21時00分 （八王子行き最終　19時20分）

鉄道の三社が併立し、競争して路線を拡張する。しかし、明治三九年九月にはこの三社が合併して東京鉄道となり、さらに明治四四年八月にはこれが市有化されて、東京市の経営となる。

これが東京市内の鉄道のあらましであるが、甲武鉄道の市街線は、これとは異なって、東京の都心と郊外とを結びつける「高速鉄道」の始まりであったといってよい。

電車の運転が問題とされはじめたことを述べた『日本国有鉄道史』の別の個所には、明治三三年当時、飯田町－新宿間には、一日当たり六十六本の列車が走っていたが、五十人乗りの客車五ないし八両のうち、定員を満たすのは三分の一にすぎなかったため、一列車当たりの客車数を減らし、逆に列車本数を増加して、五分ないし十分間隔の運転とすることが適切だ、という意見が出てきたとある。

念のため『汽車汽船旅行案内』によって、明治三三年五月現在の列車の運転状況を見ると、表6－5－2のとおりとなっている。一日六十六本という本数は、上りと下りを合わせた本数であった。飯田町発の下りの列車を明治二八年の運転状況と比べると、中野行きをふくめた短距離の列車の本数が十二本増えているが、国分寺以遠に到る列車は逆に一本減少したことになる。

これをみると、短距離優先の傾向がかなり強くなっていたことがわかる。しかし、『日本国有鉄道百年史』によると、定員を満たす列車が三分の一にすぎなかったというから、一定の時間帯を除くと、列車はやはりかなりすいていたのであろう。また終発の時刻が、明治二八年当時よりも、だいぶ早くなっていたことが注目される。

電車の運転の計画が出てくる背景には、このように短い編成の列車を、短い間隔で運転したいという要求のほかに、蒸気機関車の運転に伴う煤煙と、振動や音響を避けたいという要請があったことについては、あらためていうまでもない。甲武鉄道は明治三三年一二月に、まだ未完成の万世橋と大久保(明治二八年五月開設)との間に電車を使用することを出願したが、区間はやがて中野までに延長された。こうして、日露戦争中の明治三七年八月二一日に中野－飯田町間の電車運転が実現し、同年一二月三一日の御茶ノ水駅の開業により、その区間は御茶ノ水－中野間となった。

軌道条例による電車（いわゆる路面電車）は、のちに市内電車となるものだけでなくて、郊外電車となるものもすでに営業をはじめていたが、私設鉄道法による電車としては、これが日本最初であった。汽車と同じ線路上を走ったという点でも、甲武鉄道の電車が日本で最初であった。

その方式は架空複線式で、直流六百ボルトの電力が使用された。電動車十六両は、米国のブリル社製の台車および付属品に、ゼネラルエレクトリック社製の四十五馬力モーターを一台につき二基備え付けたもので、甲武鉄道の飯田町工場で組み立てられた。

明治三九年に入ると、ウエスティングハウス社製の五十馬力モーター二基を備えた電動車十二両が追加投入された。電車の運行当初には、電車は電動車一両または電動車と付随車の二両で運転されたが、その運転間隔と所要時間は、『汽車汽船旅行案内』によると、表6－5－3のとおりであった。比較参照の便宜もあるので、ここでは御茶ノ水－中野間の電車だけではなくて、飯田町発の汽車の運転状況をも合わせて載せることにした。

電車の運転に伴って、新しく市街線の特定運賃が定められたが、運賃のことは後に一括して述べることにする。

表6－5－3　汽車・電車の運転状況

明治39年8月現在

(1) 汽車　飯田町発下り

飯田町発　11本	始発　甲府行き　5時00分
八王子行き　6本	終発　八王子行き　19時50分
甲府行き　2本	
岡谷行き　1本	所要時間　八王子　1時間40分
松本行き　1本	甲府　5時間40分
長野行き　1本	松本　11時間03分

(2) 電車　御茶ノ水発－中野行き
本数　1日48本

5時台　2本	10時台　4本	15時台　3本	20時台　2本
6時台　3本	11時台　3本	16時台　2本	21時台　3本
7時台　3本	12時台　2本	17時台　4本	22時台　2本
8時台　2本	13時台　4本	18時台　2本	
9時台　3本	14時台　2本	19時台　2本	

始　発	御茶ノ水	5時15分
終　発		22時44分
所要時間		約30分

出典『汽車汽船旅行案内』

第六節　既設路線整備と吉祥寺駅開設

前節では、日清戦争の時期に建設された市街線と、この市街線を中心として日露戦争の時期に実現した電車の運転について述べた。この節では、日清戦争後に実施された、それ以外の既設路線の整備と連絡線の増設の状況をとりあげ、吉祥寺停車場の開設についてもふれることにしたい。

日清戦争後の明治二九年には、官設の中央線が甲武鉄道の八王子停車場より、やや新宿寄りの地点（甲武鉄道新宿起点二十二マイル三十チェーンの地点）を起点とすることが決められたために、甲武鉄道は認可を受けて、一一月から四十三チェーン（八百六十メートル）新宿寄りに八王子停車場を移築した。

同じ明治二九年には、市街線の複線化をふまえて、五月に新宿－八王子間の複線化を申請した。しかし、その着工は日露戦争の終了後の明治三八年一一月にずれ込んだため、明治三九年九月に中野までが開通しただけで終わり、中野以西は政府によって、国有化の後に実施されることになった。

停車場も漸次増設された。明治二八年五月には、新宿－中野間に大久保が設置されていたが、明治三二年一二月三〇日には吉祥寺が新設された。これについては、本節の末尾でくわしく述べることにする。さらに、明治三四年二月には豊田が、同三九年六月には東中野が開設されている。

甲武鉄道に接続する他の鉄道も、漸次増加していく。その第一は甲武鉄道の「支線」という性格を持つ二つの私設鉄道の出現であり、第二は官設の中央線の建設である。

私設鉄道の一つは、青梅鉄道（現JR青梅線）である。この鉄道の発端は、甲武鉄道がまだ甲武馬車鉄道といっていた時代にさかのぼる。明治二〇年代の半ばになって、甲武鉄道の委員長三浦泰輔を専務取締役として会社が作られ、明治二七年一一月一九日に立川－青梅間の十一マイル四十チェーン（十八・五キロメートル）が、同二八年一二月二八日に青梅－日向和田間の一マイル四十チェーン（二・四キロメートル）が開業した。この会社は明治二九年四月から一年半余りの間、甲武鉄道に業務を委託していた。

私設鉄道の二つ目は、川越鉄道（現在は西武鉄道の国分寺線と新宿線の一部）である。この会社の発端は、甲武鉄道が川越を結ぶ支線を計画して、埼玉県に調査を依頼したことにあるといわれる。明治二五年の半ばころに免許を受け、明治二七年一二月二一日に国分寺－久米川間の五マイル（八キロメートル）が、次いで同二八年三月二一日に久米川－川越間の十三マイル四十チェーン（二十一・七キロメートル）が開通した。この鉄道は、建設も営業も甲武鉄道に委託していたが、明治三九年に甲武鉄道が国有化されたため、その後には自営を行うことになった。

これに対して、官設の中央線は、一方はすでに見たように八王子を起点として西方へすすみ、他方は名古屋を起点として東方へ向かい、信州の宮ノ越で東西を連絡しようとするものであって、明治二九年末に東西の両起点から建設工事がはじめられた。

このうち、東線では明治三六年六月一一日に甲府までの五十三マイル三十チェーン（八十五・四キロメートル）

が開通し、明治三九年六月には塩尻まで開業して、篠ノ井線と連絡するに至ったが、東西両線の連接は甲武鉄道の国有化後の明治四四年五月まで待たなければならなかった。

吉祥寺停車場は、甲武鉄道が開業後十年を経た明治三二年一二月三〇日に開設されたが、表6－6－1は、同年九月二日付で会社が東京府知事千家尊福に送った設置願書・予算内訳表、図6－6－1は平面図である。会社は同年七月二四日付で、府知事を通じてこれらの原案を逓信省鉄道局へ提出したが、鉄道局の指示を受けて訂正したため、九月二日付で訂正後のものを府知事へ報告したわけである。

藤原音松『武蔵野史』には、新停車場開設運動について、次のような言い伝えを載せている。

「……促進運動委員には、小美濃治郎吉、本橋多七、河田太左衛門、池田八右衛門、桜井金八、安藤大助、田辺八百八、高橋亀三郎の八氏が選ばれたが、そのうち河田、池田、桜井、高橋の四人が特別委員として会社当局と交渉し、また他の諸氏とともに、村民に停車場設置の必要を力説し、河田太左衛門邸宅を事務所として、停車場設置運動の展開を促進した。……

この運動は奏功して、甲武鉄道会社に停車場建設費、金三千二百円也および敷地若干坪（うち若干は建設費中より支出、買収した）を寄付して、〔停車場は〕設置せられることになった。この金は村民二百五名の醵出するところであった」

この文中に名前が出てくる八人は、すべて吉祥寺の有力者であり、この前後に村長、助役、収入役や村会議員

表６－６－１　吉祥寺停車場新設願書

（願書）

弊社、新宿八王子間線路、荻窪境停車場、中間7里47鎖において、沿村有志者の希望により吉祥寺停車場新設いたし、旅客貨物の運輸開始いたしたく、なお停車場図中、用地の儀、過大の感あるも、他日待避線および向こう乗車場など建設の見込みをもって設計致し置き候、別紙図面予算内訳表、相添え願い上げ候なり。

追って本停車場、予算金6106円91銭、うち用地費・土工費・停車場費・電話機費・予備費合計金4432円91銭は、沿村有志者の寄付にかかり、軌道費金1674円は新宿八王子間複線興業費をもって、支弁いたすべく、このむね申し添え候なり。

甲武鉄道株式会社線　吉祥寺停車場予算内訳表　　明治33　土木

項	目或ハ節	数量	平均単価	金高	合計
			円	円	円
用地費					1,771.350
	停車場用地	8.358反	150.000	1,253.700	
	道路附換用地	3.451反	150.000	517.650	
土木費					526.560
	線路築堤	38.160坪	1.000	38.160	
	停車場地築	488.400坪	1.000	488.400	
軌道費					1,674.000
	鉄条	13.000噸	68.000	884.000	
	枕木	280.000挺	0.450	126.000	
	「ポイント」及び「クロッシング」	2組	220.000	440.000	
	砂利	30.000坪	5.800	174.000	
	敷設費	10.000鎖	5.000	50.000	
停車場費					1,835.000
	本屋	27.500坪	26.000	715.000	
	荷物庫	18.000坪	7.000	126.000	
	乗車場	528.000呎	0.500	264.000	
	「ランプ」室及便所	3.000坪	35.000	105.000	
	信号器	3箇	150.000	450.000	
	柵垣	500間	0.350	175.000	
電話機架設費				100.000	100.000
予備費				200.000	200.000
総計					6,106.910

出典『百年史』資料編1　上

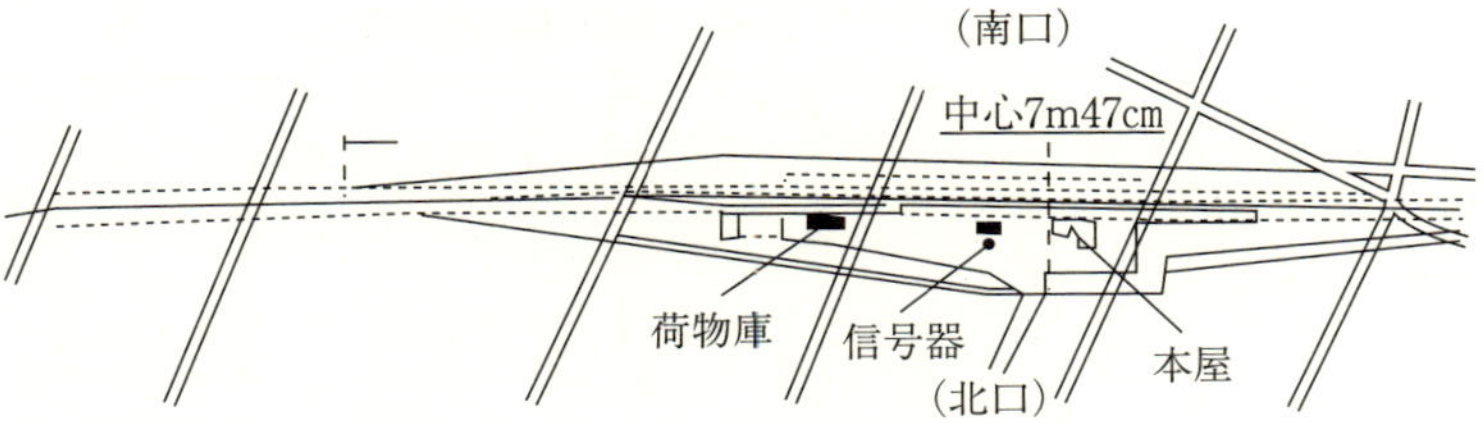

出典『百年史』資料編Ⅰ上

図6－6－1　吉祥寺停車場図

を務めた人たちである。寄付金を出した二百五人の氏名は残っていないが、大部分は吉祥寺の住民であったのであろう。停車場と五日市街道、停車場と公園通りを結ぶ二つの道路も、寄付金によってつくられたことは、「道路と都市計画」の章で述べる。

これとは別に、戦中・戦後に助役を務めた荒井万之助は、昭和三一年に次のように語っている。

「その当時の農家は、便利になれば汽車に乗って遊びにいくようになり、将来農家の経済が持たないと歓迎しなかった。……大部分の農家はそんな考えであったので、農家の土地を買収して駅をつくるのはいかん、それじゃお寺の地所ということで、お寺の地所に駅をもっていった」（『武蔵野市』下巻）。

これはなぜ寺院の所有地に停車場がつくられたかについての、一つの説明といってよい。停車場の開設当時、あたりは一面の桑とほうき草の畑であった（エビスヤの安藤はま氏談）。大正に入って以後、商店が少しずつ増加して繁華街が形成されていったが、その土地は、いまでも五日市街道の近くにある四軒の寺の所有地が多いという。

『百年史資料編』Ⅰ下は、『東京府統計書』によって、武蔵野地域内の境（武蔵

表6－6－2　吉祥寺・境停車場乗降客数

明治26年～大正12年（括弧内の人員は連絡線経由者数）

年次	駅名	乗車人員					下車人員	乗車1日平均
		1等	2等	3等	官用	計		
		人	人	人	人	人	人	人
1893(明26)	境	—	—	—	—	33,029	36,932	90
1894(明27)	境	—	—	—	—	—	—	—
1895(明28)	境	—	—	—	—	39,807	55,591	109
1896(明29)	境	—	—	—	—	53,267	52,495	146
1897(明30)	境	—	—	—	—	62,305	62,228	171
1898(明31)	境	—	—	—	—	68,468	71,088	188
1899(明32)	吉祥寺	0	7	282	1	290	255	—
	境	106	1,476	60,763	602	62,947	74,629	172
1900(明33)	吉祥寺	16	405	25,845	129	26,395	24,144	72
	境	83	2,003	68,759	343	71,188	72,500	195
1901(明34)	吉祥寺	4	427	28,527	233	29,191	27,273	80
	境	88	2,249	70,029	523	72,889	73,492	200
1902(明35)	吉祥寺	3	570	27,071	110	27,754	26,264	76
	境	88	2,174	67,298	422	69,982	70,560	192
1903(明36)	吉祥寺	12	496	28,204	85	28,797	26,761	79
	境	73	1,790	64,690	646	67,199	67,133	184
1904(明37)	吉祥寺	2	395	30,159	157	30,713	27,750	84
	境	44	1,734	63,063	731	65,572	65,581	180
1905(明38)	吉祥寺	15	528	30,669	89	31,301	28,695	86
	境	34	1,523	76,650	558	78,765	78,310	216
1907(明40)	吉祥寺	13	366	31,663	—	32,042	30,751	88
	境	14	2,132	85,641	—	87,787	84,170	241
1908(明41)	吉祥寺	0	413	33,999	—	34,412	32,719	94
	境	0	2,670	75,987	—	78,657	97,333	215
1910(明43)	吉祥寺	0	1,168	45,830	—	46,998	45,800	129
	境	0	2,412	93,483	—	95,895	93,640	263
1911(明44)	吉祥寺	1	1,267	47,039	—	48,307	45,834	132
	境	0	2,254	83,346	—	85,600	84,968	235
1912(大元)	吉祥寺	6	1,397	53,804	—	55,207	51,088	165
	境	5	2,777	92,199	—	94,981	95,316	260
1913(大2)	吉祥寺	0	1,503	58,686	—	60,189	55,437	165
	境	0	2,236	81,674	—	83,910	86,706	230
1914(大3)	吉祥寺	0	2,003	62,951	—	64,954	61,624	178
	境	0	1,528	79,552	—	81,080	83,482	222
1915(大4)	吉祥寺	2	1,683	53,744	—	55,429	54,954	152
	境	0	1,854	74,357	—	76,211	77,767	209
1916(大5)	吉祥寺	0	1,025	60,457	—	61,482	58,565	168
	境	0	1,621	80,615	—	82,236	82,882	225
1917(大6)	吉祥寺	1	3,053	106,801	—	109,855	103,059	301
	境	0	1,902	93,219	—	95,121	97,298	261
1919(大8)	吉祥寺	0	729	217,620	—	218,349	216,168	598
	武蔵境	0	1,827	129,548	—	131,375	134,695	360
1921(大10)	吉祥寺	0	586	258,707	—	259,293	260,718	710
	（武蔵境）	—	—	(7,544)	—	(7,544)	(6,928)	—
	武蔵境	0	1,356	152,278	—	153,634	155,438	442
1922(大11)	吉祥寺	0	687	546,016	—	546,703	549,158	1,498
	（武蔵境）	—	—	(7,334)	—	(7,334)	(7,594)	—
	武蔵境	0	860	168,658	—	169,518	196,590	485
1923(大12)	吉祥寺	0	537	620,374	—	620,911	618,406	1,701
	（武蔵境）	—	—	(5,524)	—	(5,524)	(7,184)	—
	武蔵境	0	346	208,103	—	208,449	214,621	586

出典『百年史資料編』1下

境）、吉祥寺（明治三二年一二月開設）、三鷹（昭和五年六月開設）の三駅における、明治二六年から昭和一〇年に至る各年の一、二、三等別の乗降客数などを載せている。

表６－６－２はそのうちの大正一二年度までの分を抜き出したものである。甲武鉄道時代には、境でも一日当たりの乗車客数は二百人を少し超えるだけであり、吉祥寺に至っては百人を切っている。まさに隔世の感を与える数字である。大正六年以後、境と吉祥寺とが逆転して、吉祥寺の乗降客数が境を凌駕していくが、大正一二年でも一日当たりのその乗車客数は千七百人にすぎなかった。その後のことは、のちの「鉄道の発展」の章で取り上げる。

第七節　発展と国有化

市街線の開通と複線化、電車の運転、既設路線の整備、さらには連絡輸送を行う鉄道の開業などによって、甲武鉄道の経営状況は急速に拡大していった。表6－7－1は、明治二六年から三八年に至る時期の機関車、客車、貨車という車両の保有状況および、その走行マイル程を示したものである。車両数も走行マイル程もかなり急速に増大しているといってよいだろう。

旅客の運賃を見ると、甲武鉄道は市街線の建設に予想外の経費がかかったとして、明治二九年に市街線の中等と上等運賃の値上げを申請するが、これは認可されなかった。しかし翌三〇年三月には私設鉄道条例第二九条の追加を機として、市街線の三等運賃については一マイルにつき従来の一銭二厘を一銭五厘に値上げすることを申請して認可を受け、五月一日から実施した。同時に、それまで発売していた定期券を廃止し、新しく回数乗車券を発売した。

私設鉄道条例第二九条の追加とは、新しく第二項に大人の最低運賃を三銭とすることができるという規定と、第三項に銭未満の端数は、銭に切り上げることができるという規定（これは大人運賃の半額の子供運賃の場合をもふくむ）が、付け加えられたことである。大人の下等運賃は、一マイルあたり一銭五厘以内に定めるべしという規

表6−7−1　車両の保有状況および走行マイル程

種別＼年度		明治26	27	28	29	30	31	32	33	34	35	36	37	38
両数		両	両	両	両	両	両	両	両	両	両	両	両	両
	機関車	3	5	7	9	11	11	11	11	10	11	13	13	13
	客車	16	28	28	39	39	41	42	55	64	64	64	80	80
	貨車	66	91	101	116	146	156	166	176	176	196	196	216	266
	計	85	124	136	164	196	208	219	242	250	271	273	309	350
走行マイル		マイル	マイル	マイル	マイル	マイル	マイル	マイル	マイル	マイル	マイル	マイル	マイル	マイル
	機関車					324,451	317,371	293,593	291,845	322,602	336,589	403,923	383,128 電205,378	417,716 電535,440
	列車	106,166	137,027	216,443	220,959	299,693	289,405	268,877	264,675	297,368	313,304	358,272	323,550 電409,083	344,303 電811,709
	車両					3,305,543	3,397,045	3,616,502	3,915,784	3,798,365	4,138,416	4,958,771	4,539,384	4,341,704

備考　34年度中機関車1両は川越鉄道へ貸渡中である。（電）とあるのは電車運転を示す

出典『日本国有鉄道百年史』第4巻

定は、私設鉄道条例が明治二〇年五月に制定された当時からあったものである。

さらに翌明治三一年には、物価および労働賃金が上昇したことを理由として、全線について三等の運賃を一マイル当たり一銭五厘とすることを申請し、明治三二年三月一日よりこれを実施した。

また、明治三七年一二月には、表6−7−2のように電車区間の特定運賃を定めた。これによるとごく短い区間はかなり安くなっており、長距離も高くはなっていないが、中距離の区間が割り高になっている。

表6−7−3は、明治二六年から三八年に至る時期の、旅客と貨物の輸送量、収入および純益である。旅客について見ると、明治二八年度から激増しているが、いうまでもなくこれは市街線の開業によるものである。この一方、明治三六年度より旅客数が幾らか減少し、電車運転の開始にもかかわらず、明治三七、三八年度とも、

旅客数が低迷している。『国有鉄道百年史』には、原因が説明されていないが、東京の市内電車が発達したために、旅客を幾らか奪われたのではあるまいか。

貨物について見ると、明治三五年だけを唯一の例外として取扱量が順調に伸びているが、特に明治三六年度からは、輸送量と輸送延べマイル程とも激増している。これは官設の中央線が甲府にまで達したために、八王子以西への、および以西からの貨物が増大したからである。

会社の純益についても、幾らかの増減の波はあるが、着実に増加していたといってよいだろう。明治三八年度の純益は明治二二年度の八・二倍、明治二六年度の四・二倍となっている。

情勢がこのように推移しつつあった明治三九年三月三一日に、鉄道国有法が公布され、甲武鉄道は一〇月一日に国有化された。この法律は、日本鉄道、山陽鉄道など、主要な私設鉄道十七社の国有化を定めたものであった。

すでに述べたように、明治初めの鉄道創設期に、政府は鉄道について官設、官営の方針をとっていた。しかし西南戦争後に財政が窮迫すると、政府は私設の日本鉄道の設立を認めた。それ以後私設鉄道が盛んに設立され

表6－7－2　電車区間の特定運賃

駅名		御茶ノ水	千駄ヶ谷	新宿	大久保	中野
マイル程		マイル 0	マイル 3.7	マイル 4.6	マイル 5.7	マイル 7.6
運賃	2等	銭 —	銭 3	銭 13	銭 15	銭 19
	3等	—	2	8	9	12

出典『日本国有鉄道百年史』第4巻

表6－7－3　旅客・貨物の輸送量及び収入・純益

明治26(1893)～38(1905)年度

年度	取扱数量		運輸延マイル程		収入				営業費	差引
	旅客	貨物	旅客	貨物	旅客	貨物	雑収入	計		
	人	トン	人 マイル	トン マイル	円	円	円	円	円	円
明治26年(1893年)	463,238	77,742	7,526,674	1,354,504				132,248	39,380	92,868
明治27年(1894年)	847,930	99,686	8,223,763	1,580,289				161,957	46,811	115,146
明治28年(1895年)	2,421,798	139,950	13,091,268	2,466,927	175,400	64,982	13,866	254,248	93,131	161,117
明治29年(1896年)	3,668,233	151,373	18,414,783	2,789,146	226,214	71,238	14,785	312,237	119,212	193,025
明治30年(1897年)	3,860,976	192,843	21,423,672	3,573,952	289,774	90,083	14,668	394,525	169,148	225,377
明治31年(1898年)	4,163,204	234,521	21,930,549	4,153,468	298,025	104,172	6,005	408,202	202,561	205,641
明治32年(1899年)	4,486,463	280,963	22,871,660	4,698,004	350,288	128,557	10,248	489,093	199,949	289,144
明治33年(1900年)	4,881,973	313,729	24,087,307	5,655,086	369,596	134,714	36,183	540,493	226,674	313,819
明治34年(1901年)	5,026,781	325,933	24,416,842	6,072,298	379,519	155,907	32,597	568,023	240,763	327,260
明治35年(1902年)	5,197,335	315,741	25,074,745	5,935,938	386,435	158,779	51,125	596,339	240,660	355,679
明治36年(1903年)	4,886,442	441,364	25,858,844	8,807,239	396,153	214,072	63,845	674,070	297,461	376,609
明治37年(1904年)	5,047,767	469,166	24,934,159	9,343,781	363,313	238,117	64,324	665,754	303,373	362,381
明治38年(1905年)	4,904,345	493,782	29,698,233	9,959,015	399,683	272,328	98,646	770,657	380,259	390,398

備考　1マイルは約1.6キロメートルである

出典『日本国有鉄道百年史』第4巻

るようになった。

しかし鉄道当局の間には、鉄道国有が原則である、という考えが根強く存在しており、折にふれてその実現が試みられた。一方軍部には、国防の観点から鉄道の統一的な運営を望む意見と、鉄道を広軌に改築する意見とが、かなり早い時期から強く存在していた。ところが、日清戦争と日露戦争のさいにおける、兵員と軍需物資の輸送の経験からして、広軌改築はさしあたり望まず、まず鉄道国有化を実現し、鉄道経営を統一化しなければならないという意見が強くでてくることになった。鉄道国有法は、この結果であった。

実はこれ以前にも甲武鉄道国有化の話はあり、参謀本部の内談を受けて開かれた明治三五年一二月の臨時株主総会では、買収に応じるという意見が多数を占めたというが、その時にはそのままで終わった。新しい鉄道国有法によって、甲武鉄道は明治三九年一〇月一日に国有化された。この当時会社の資本金は五百五十万円で、払込済額は二百六十六万五千円であり、別に二百万円の借入金があった(明治三八年度末現在)。開業中の路線は二十七マイル六十二チェーン(四十四・七キロメートル)で、未開業路線は六十九チェーン(一・四キロメートル)であった。車両は機関車が十三両、電車をふくむ客車が八十両、貨車が二百六十六両であり、建設費累計は三百四十九万四千百三十三円であった。職員は、専務取締役以下九百十八名であった。買収価格は明治四〇年一二月九日に、合計千四百五十九万九千五百四十七円十五銭二厘と決定された。

甲武鉄道の発展によって、鉄道交通の面で、その後の武蔵野地域の発展を支える基盤ができたが、この基盤は甲武鉄道が国有化され、国有の幹線網の中に組み込まれることによっていっそう拡大することになる。

第七章　三多摩の東京府移管

武蔵野村が神奈川県北多摩郡武蔵野村であったのは、その成立当初のわずか四年間だけであった。明治二六年四月一日には、北多摩郡は西多摩、南多摩の二郡とともに東京府へ移管され、東京府北多摩郡武蔵野村が誕生する。この政治的、行政的な枠組みの変換は、武蔵野地域の歴史にとって、武蔵野村の成立と並ぶほど重要な出来事であった。

三多摩移管の歴史をみると、東京府は玉川上水の水質と水量の保全という観点に立って、その流域と源流を自己の管轄下のおきたいという要求を早くから提出していた。明治二〇年代のはじめになると、武蔵野村など北多摩郡の一部では、社会的・経済的な関係の緊密さを理由に挙げて、北多摩郡などを東京府へ移管しようとする運動があらわれてきた。しかし、多摩三郡の東京府への移管という法案は明治二六年二月に、帝国議会に突如提出されたという印象をぬぐい去ることができない。

そのためもあってか、西多摩、南多摩の二郡は、ほとんど全郡を挙げてこの法案に反対した。北多摩郡内にも反対論が根強く存在していた。三郡の中には、町村長や助役、町村会議員らが辞職し、役場を閉鎖をして、反対の意志が強固であることを表明した町村も多かった。すでに甲武鉄道が開通し、東京市がたとえば横浜市などよりも、はるかに近くなっていたことを思うと、この反対論の強さは不思議な感じさえする。

本章の記述のうち、明治二〇年代のはじめに現れた北多摩郡内における東京府移管運動については、一部は『府中市史』下巻に、一部は地元の資料によっている。しかしそれ以外の記述は、主として『神奈川県史』の通史編と資料編の近代・現代第一巻をもとにしていることを、あらかじめ断っておく。

第一節　三多摩移管論の歴史

すでにみたように、明治維新直後には武蔵野四か村を管轄する府県は、めまぐるしく変化した。廃藩置県の翌年である明治五年には、吉祥寺と西窪をふくむ五十五か村が東京府から神奈川県へ管轄替えされることによって、一度は武蔵国多摩郡全体が神奈川県の管轄となったが、その数か月後に東京の市街地に近い三十二か村が東京府の管轄となった。府県の管轄という点では、その後二十年余りの間、この体制が続くことになる。

明治一一年七月に郡区町村編制法が制定されて、郡が行政区画に復活すると、武蔵国多摩郡は四郡に分割された。東京府の管轄となっていた東部が東多摩郡となり、神奈川県が管轄していた部分が、西多摩、南多摩、北多摩の三郡となった。

このように多摩郡の大部分が神奈川県の管轄下におかれたのは、横浜に居留する外国人関係の事務を処理するという考慮にもとづいていた。神奈川県は、王政復古の直後に神奈川裁判所として発足して以来、居留外国人についての事務を担当していた。ところが、安政の末に結ばれた現行の修好通商条約では、開港場に居留する外国人は開港場から十里(四十キロメートル弱)以内を自由に遊歩できた。多摩郡の大部分がこの範囲内に入るということが、三多摩の地域が神奈川県の管轄となった理由である。

ところが、三多摩の地域が神奈川県の管轄下におかれたほとんど直後より、それとは別の考慮から、三多摩の一部を東京府へ管轄替えするべきだ、という主張が展開されはじめる。首都東京へ飲料水を供給する玉川上水の水量と水質を保全するためには、東京府が玉川上水の水源と、その流域を直接に管轄する必要があるという東京府の主張がそれであった。

明治六年六月に、東京府知事大久保一翁は、当時地方行政を担当していた大蔵省事務総裁大隈重信に対して、玉川上水の汚濁を防止するということを理由として、流域の諸村を東京府へ管轄替えするように願い出ていたが、これは政府の認めるところとはならなかった。

明治一四年一一月に至って、東京府知事松田道之は内務卿山田顕義に、玉川上水の両岸十数尺の官有地を東京府の管轄へ移すように上申する。これには神奈川県が同意したため、翌一五年一月にこれが実現する。規模はごく限られていたが、三多摩の東京府への移管の端緒をなすといってよいかもしれない。

明治一九年に入ると、東京府知事高崎五六は警視総監三島通庸と連名で、内務大臣山県有朋に対して、玉川上水の汚濁の取締りを理由として、西多摩、北多摩の二郡の管轄替えを上申する。二郡という広い境域の移管を主張したのはこれがはじめてであるが、逆にいえば、水源や水質を理由とする限り、玉川上水と無関係な南多摩郡が除かれるのは当然だといってよい。ともあれ、このときも東京府の上申は政府に取り上げられなかったのである。

しかしその後になって、東京府の要求を強化ないし支援するような出来事が現れる。その第一は、玉川上水の源流で起こった上水の水質と水源をめぐる事件である。その一つは、明治一九年の夏から秋にかけてコレラが猛威をふるったさいに、玉川上水の羽村堰の上流の長淵村（現在の青梅市）で、コレラ患者の汚穢物が洗濯されたという事件である。このときには、玉川上水の水を使用する宮内省も動いたため、政府は慌てて神奈川県にたいして水源の取締りの強化を指示した。

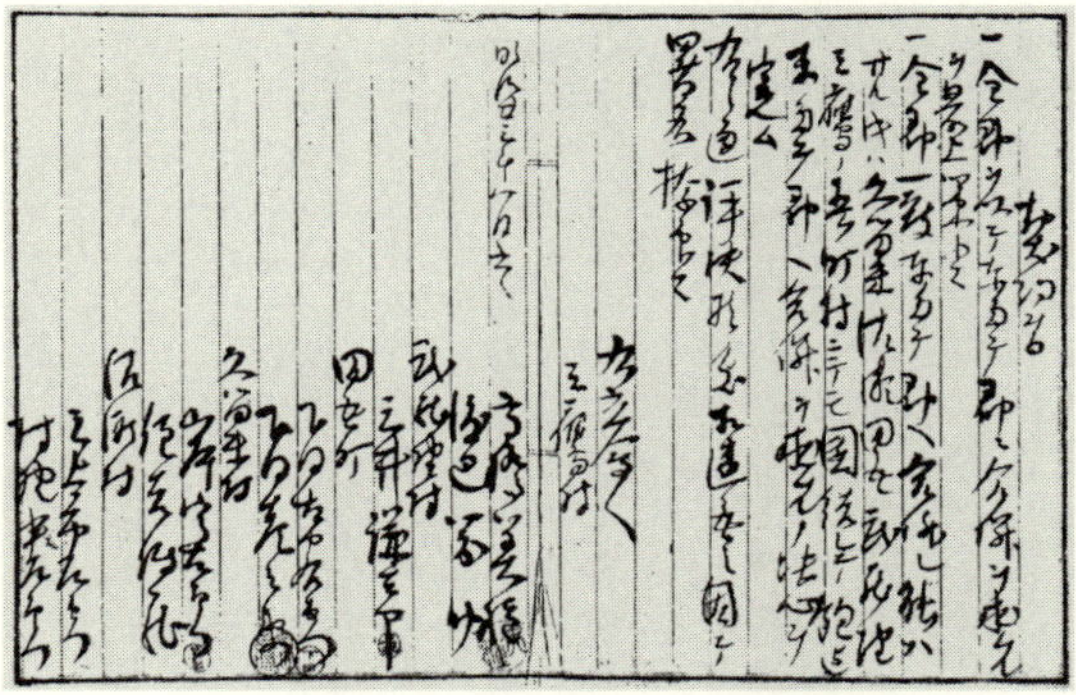

東多摩郡への合併を求める契約書
（明治23年8月）

その二つは、明治二四年一一月に神奈川県が西多摩郡の住民の要請を受けて、水源涵養林の指定を解除したことである。民有山林のうち、国土保安に関係のある個所の樹木伐採の停止を認めた明治一五年の太政官布達第三号にもとづいて、神奈川県は明治二〇年五月に、西多摩郡の四百二十個所、約二千七百町歩の山林を水源涵養林に指定し、樹木の伐採と土地の掘削を禁止し、やむを得ない事情があるときには県の許可を受けるように定めた。

ところがここへきて、神奈川県が住民の要請を受け入れて、東京府に断ることなく指定の解除を行ったために、東京府を強く刺激したわけである。

二つの事件は、自ら玉川上水の水源と流域を管轄したいという東京府の意思を、ますます強いものにしたことは、いうまでもない。

第二は、三多摩の住民、主として北多摩郡の住民の間から、三多摩の一部ないし全部を東京府へ管轄替えしてもらおうという運動が展開されはじめたことである。この運動の中心となっていたのは、吉野泰三(三鷹村野崎)を指導者とする北多摩郡正義派であったと考えられる。

吉野泰三は、明治前半期において北多摩郡の東北部を代表する政治家である。吉野は明治一二年から北多摩郡選出の神奈川県会議員であり、明治一〇年代の半ばには自由党に加盟し、自由民権のために活動していた。明治二〇年代に入ると、吉野は後藤象二郎らの大同団結運動に参加し、その分裂後には左派の大同協和会に所属した。しかし、この所属を不本意だと漏らした手紙が残っているように(比留間雄亮あて)、この前後から吉野は自由党系の運動から離れていく。

これより先、明治二〇年三月に吉野は殖産興業を目標として実業相談会を結成していたが、これが「会員相互に交通親愛して本郡の公益を計る」(規約)とする北多摩郡正義派の運動へと展開していく。この正義派が成立するのは明治二二年九月であるが、その直前に書かれた吉野の手紙(比留間雄亮あて)などから判断すると、北多摩郡正義派は、自由党系の諸派や改進党に対して中立の立場をとり、党派による拘束を受けることなく、党派の争いに巻き込まれることなく、北多摩郡の「公益」を実現しようとしたものであると考えられる。

この北多摩郡正義派の運動の中心を形づくっていたのは、もとから吉野と親密な関係にあった蔵敷村の内野杢左衛門(県会議員、明治一二－二一年)、府中町の比留間雄亮(県会議員、明治二二－二四年、町長、明治二二－二四年)、砂川村の砂川源五右衛門(郡長、明治一一－二〇年)などであった。

この正義派の規約には、首唱者として四十名の氏名の出ているもの（A）と、百十一名の氏名が出ているもの（B）の二種類がある。ともに明治二二年九月一七日の日付が入っているが、（A）は当初に印刷されたものであり、（B）はのちに作られたものと推定されている。署名者が多い町村は（A）では府中町の十五名であり、（B）では小平村の十八名、府中町の十七名となっている。

武蔵野村についてみると、（A）に三井謙太郎（村長、境）と秋本喜七（境）の二名、（B）には安藤七郎（吉祥寺）を加えた三名の名前が出ている。門訴事件のように徳川時代の百姓一揆との連続性が強いものとは異った、新しい形態の政治組織ないし運動であって、他町村の人々も多数参加するものの中に、武蔵野村関係の人々の名前を見るのは、実はこれが最初である。

いくらか回り道をしたが、もとへ戻そう。この北多摩郡正義派の人々を中心とし、かつ北多摩郡の多摩川沿岸の十一町村を主とする三十八名の人々が、明治二三年に内務大臣山県有朋にたいして、西多摩、北多摩二郡の東京府への管轄替えを建白しようとした。

これには第一次案と第二次案とがあり、いずれも府中の比留間雄亮の起草したものと考えられている。第一次案では南多摩をふくめた三郡の移管が説かれているが、第二次案では西、北多摩二郡に限定されている。また、移管の理由として、上水問題にもふれられてはいるが、主な理由としては、二郡はもともと神奈川県よりも東京府と関係が深かったが甲武鉄道の開通によってその関係がいっそう密接になった、ということが挙げられている。

この建白は、山県が内相を辞任する明治二三年五月一七日以前に起草されたことは間違いないが、実際に山県または後任の内相に出されたかどうかは、いま一つはっきりとしない。しかし、こうした移管論が出ていたことは確かである。

比留間雄亮の日記によると、彼は明治二二年八月に、東京で『読売新聞』の高田早苗、『東京日日新聞』の関直彦に会い、三多摩の東京府移管を働きかけている。また、県会議員の補欠選挙に当選し、同年一一月にはじめて県会に出席した帰途にも、関直彦の紹介状を手に入れて、芝公園の官舎に高崎東京府知事と銀林書記官とを訪ね、三多摩の東京府への管轄替えを説き、賛成を受けていたという。三多摩移管の運動が、明治二二年には、すでに始まっていたことがわかる。

右の建白運動とほぼ同じころに、武蔵野村、三鷹村、田無町、久留米村、清瀬村という北多摩郡の東北部の五町村では、北多摩郡全体を東京府の東多摩郡へ合併するか、それができない場合には、五町村を東多摩郡へ管轄替えしてもらおうという運動が展開していた。『百年史資料編』I上には、五町村の代表者による次のような契約書が残っている。同書にはこの契約書を承認するという武蔵野村内の、四つの大字の代表者による承諾書も入っている。

「一　全郡を以て東多摩郡に合併を求むるを最上策とす

一　全郡一致東多摩郡へ合併し能はさるときは久留米・清瀬・田無・武蔵野・三鷹の五か町村にても団結して飽迄《あくまで》東多摩郡へ合併を求むるの決心を定む

右之通評決候処相違無之因て署名捺印す

明治二三年八月六日

右立会人

三鷹村

高　橋　美　種※

渡　邊　萬　助

武蔵野村

三　井　謙太郎※

田無町

下　田　太郎右衛門

下　田　彦兵衛

久留米村

岸　宇左衛門※

住　吉　傳　蔵　※

清瀬村

三　上　市左衛門※

村　野　半左衛門

」

（※印は北多摩郡正義派の規約に名前が出ているものである）

この文書には、東京府への移管を要請する理由は書かれていないが、それは右に見た建白書（案）と変わりがなかったと思われる。五町村には北多摩郡正義派の加盟者が多かったにもかかわらず、吉野泰三ぐらいを除くと、その建白運動に参加する人がいなかったのは、こちらの運動のためであったと考えられる。五町村の人々は北多摩郡だけ、もしくは五町村だけの管轄替えの方が、西多摩、北多摩二郡の管轄替えよりも可能性が大きいと判断して、別の運動を展開していたと考えられる。

このように、東京府への移管論には、移管の対象を三多摩のどの範囲とするかをめぐっていろいろの意見があったが、明治二〇年代になって三多摩のなかから東京府へ移管して欲しいという運動が出てきたことが、玉川上水の水源と流域を自ら管轄したいという東京府の要求を、側面から支援することになったことはいうまでもない。

第二節　移管法案と賛否の運動

明治二五年九月になって、東京府知事富田鉄之助は内務大臣井上馨にあてて、多摩三郡の東京府への移管を上申する。このように、西多摩、北多摩だけでなくて、南多摩をふくめた三郡の移管を要請している点に、このたびの上申がそれまでのものとは異なる、第一の点があった。

しかし上申がその主な理由として挙げているのは、これまでどおり玉川上水の問題であった。水源を涵養して時々起こる渇水をなくすためには、また源流と流域の取締りを厳重にして水質の保全を図るためには、神奈川県よりも、実際に上水を使用する東京府が管轄する方が効果が上がるというわけである。

けれどもこれだけでは、南多摩郡の移管を主張する理由にはならない。その理由として、上申は(一)多摩三郡は東多摩郡をふくめてもともと一つの郡であったから、民情・習俗が同じであること、また(二)南多摩郡は甲州街道の沿道にあり、地勢上も交通上も東京との結びつきが強かったこと、特に甲武鉄道ができた以後は、神奈川県庁へ往来する人々もほとんどすべて東京経由でいくような実情になっていることなどを挙げている。

今度の上申がそれまでのものとは異なる第二の点は、あらかじめ神奈川県知事内海忠勝と交渉し、その賛成を取り付けたうえで提出されていたことである。東京府知事の上申の最後には、「神奈川県知事と事務上、その他実際の便否等、しばしば熟議を挙げ候上」という言葉があるが、内海知事自身も、東京府知事の上申を肯定した「内申」を、その当時に内務省へ提出していた。

しかも内情に立ち入ってみると、内海知事は東京府知事の主張を消極的に承諾させられたというよりは、むしろ積極的に賛成したのであり、南多摩郡を移管の対象にふくめることも、むしろ内海知事の方から言い出したのだといわれる。

府県知事が、自身の管轄する府県の境域の一部を他府県へ移管することを、簡単に承認するのは珍しいことだろう。特に今度の場合のように、神奈川県の境域の三分の一を占める多摩三郡の管轄替えを、むしろ知事の側から積極的に申し出るということは、異例中の異例といってよいだろう。恐らくこのことが重大な原因となって、多摩三郡移管の法律が公布された直後の明治二六年三月一〇日に、内海は神奈川県知事を辞職することを余儀なくされた。

内海知事は、なぜ三郡の移管を積極的に推進したのであろうか。多摩三郡の移管直後に書かれた東京府側の文書には、内海知事は神奈川県の利害だけにとらわれることなく、「大局的見地」に立って行動した、として内海を称讃したものがある(『神奈川県会史』一巻)。もちろん、これでは実際に起こったことの説明にはならないであろう。

その説明として従来だされていたのは、三郡の移管は、明治二五年の第二回総選挙の際の「選挙大干渉」などで、県知事の責任を厳しく追求する自由党に対する内海知事の報復であり、とくに自由党の勢力の強い三多摩を分離することによって、県下の自由党の勢力を削減しようとするものであったという説である。

よく知られているように、明治二四年一一月末から始まる第二回帝国議会で、衆議院の自由党、改進党などいわゆる民党は、松方(正義)内閣の提出した八千三百万円余の予算案のうち、軍艦製造費や製鋼所設立費など八百九十万円余を大削減した。これを不満とする政府は衆議院を解散し、翌年二月一五日に行われた総選挙では、民党の勢力を削ぐために、全国的に「選挙大干渉」を実行した。

このとき、神奈川県でも民党の候補者にたいしてさまざまな形の選挙妨害がなされるが、それは自由党の勢力の強い神奈川第三区、つまり三多摩の地域で特に激しかった。この「選挙大干渉」は、全国的には民党の勢力をいくらか削減する効果があったが、神奈川県ではまったく効果がなかった。

しかしその後に待っていたのは、干渉の責任に対する厳しい追求である。自由党の勢力が強い神奈川県会は、内海忠勝知事と菅井誠美警部長の責任を執拗に糾弾し、明治二五年一二月に開かれた県会では、二人の罷免を要求した内相井上馨あての建議を可決した。内海は県会を解散しただけでなく、自由党に追い討ちをかけるために、三多摩の移管を推進したというわけである。

この説は中央政府対民党、府県知事対府県会という「政争」を軸とした説明として、面白い点がないわけではない。しかし、十分納得できない点も残る。自由党の「懲罰」ということと、神奈川県の三分一を占める多摩三郡の分離ということとが、どうしてもうまく釣り合わないからである。

右の説に対して、実は自由党を分断するために多摩三郡の分離を画策したのは、内海知事ではなくて実は中央政府の中枢にいた人物ではなかったかという推測もされているが、もちろんその証拠を残すようなへまはなされていない。その目的は、自由党の懲罰よりもむしろ多摩三郡を東京府へ移管することそのものであったかもしれないが、内海知事を超えた力が背後で働いていたことだけは間違いないと思われる

東京府知事から多摩三郡移管の内申を受けた内務省は、明治二五年一二月に東京府に対して、玉川上水の起源など九項目についての調査を内密に命じ、その調査報告を受けたうえで、六か条からなる「東京府及神奈川県境域変更に関する法律案」をつくった。第一条が多摩三郡の東京府への移管を規定し、第六条が明治二六年四月一日と施行期日を定めており、真ん中の数条は衆議院議員、貴族院多額納税者議員、および府県会議員についての経過措置に係わるものであった。

この法律案は第四回帝国議会（明治二五年一一月二九日－同二六年二月二八日、一説では三月一日閉会）の会期末の明治二六年二月一八日に衆議院へ提出される。この法案にたいして、自由党、特に神奈川県の自由党は絶対反対の態度をとるが、星亨を指導者とする自由党本部は、必ずしもそれほど真剣ではなかったといわれる。

この一方、星がそれまでの民党連合の方針を捨てて、一方では自由党だけで過半数を取ろうとすると同時に、他方では明治政府と接近していこうとする態度をとるのに反撥した改進党は、法案に賛成の態度をとり、他の諸会派もほぼ政府支持の立場をとった。

議会における審議の模様を述べる前に、東京および神奈川の両府県下で現れた情勢に触れておく必要がある。法案はごく狭い範囲の当事者以外には、まさに寝耳に水といった唐突のものであっただけに、賛成および反対の

厳しい運動を巻き起こすこととなったからである。

当然のことながら、賛成運動の中心となったのは、東京の府や市の関係者である。東京府庁はさながら賛成派の本部といった様相を呈し、東京府知事、東京市の区長、府会議員、市会議員は一体となって衆議院議員や各政党への働きかけを行った（当時の制度では、官選の東京府知事が東京市長を兼任し、東京市の助役、収入役といった幹部も、府庁の官吏が兼任することになっていた）。

神奈川県下の賛成運動は、東京の動きに歩調を合わせてすすめられた。それまで独自の移管運動を行ってきた北多摩郡の吉野泰三、内野杢左衛門、砂川源五右衛門ら二十一名[註]は、多摩三郡の有志千五百余名の総代として二月二三日に東京府庁を訪れ、東京市会議員らと運動方針を協議するとともに、その足で貴・衆両院へ出向き、請願書を提出した。水道問題ではなくて、甲武鉄道の開通によって、多摩地域と東京との経済の一体性がいっそう増大したということを法案賛成の理由としていたことは、付け加えるまでもないかもしれない。

註　明治二三年七月に、集会条例が集会及政社法に切り替えられたさいに、神奈川県ではあらためて非政社団体による政治活動の取締りを行った。吉野泰三らの北多摩郡正義派も、多数の他の非政社団体とともに、このときに消滅したのではないかとされている。北多摩郡正義派の名前が出てこないのはそのためである。

三多摩以外では、改進党系の高座郡の菊池小兵衛、川井孝策や、橘樹郡の飯田彰重らが二月二二、二三日に東京府庁へ赴き、府会議員らと協議すると同時に、やはり貴・衆両院へ三郡移管の請願書をだしている。これには、多摩川の治水費は県下の三大河川の中で第一位を占めるから、三郡の移管は県下の他郡の負担を軽減することになるという理由が挙げられている点が、注目される。

これにたいして、移管反対の運動は三多摩を中心として、賛成運動よりはるかに激しい形で展開された。そのためここでは、その一、二の例を例示的に挙げることしかできない。

二月二一日に衆議院の審査特別委員会で、内務省の大森鐘三県治局長が、内海神奈川県知事も移管に賛成した内申を出していると述べると、それを知った三多摩地域の大多数の町村長、具体的にいうと北多摩の三ツ木、砧、立川、狛江、谷保の五村長、西多摩の青梅町など二十三町村長、南多摩の八王子町など二十町村長（これは南多摩の全町村長である）は、二月二四日にこれに抗議して次のような陳情書を衆議院へ提出した。

「……つらつら該法案を閲すれば、その主要の理由は、東京市水道に関すと。そもそも水道は東京市全体の飲料に供するものにして、しこうして東京は実に帝国の首都、宮城の在る所、これを他府県と同一視すべからざること、某等《ぼうら》これを知らざるにあらず。豈に自己軽微の利害に拘泥し、以て帝都の休戚を顧みざるものならんや。然りといえども今日の事、実に言うに忍びざるものあり。……杜撰粗漏《ずさんそろう》の方法をもって専決し、深く三郡人民の利害を考査せず、隠微の間に計画し、議院の閉期切迫して議事繁劇なるを窺い、突然提出する如きに至りては、陰険に非ずんば、軽躁の極と云はざる可からず」

さらに翌二月二五日には、これら多摩三郡の町村長は、助役や町村会議員らとともにいっせいに辞職し、町村役場を閉鎖して、移管反対の意思が確固としていることを表示した。

三多摩の町村のこうした激しい反対運動を受けて、神奈川県会議員五十名は、翌二月二六日に移管反対の理由書を衆議院に提出した。三多摩の町村長の陳情書では、「三郡人民の利害」が強調されていたのに対して、この理由書では、これまで神奈川県に属してきた三郡の分離は「人情にもとる」だけではなくて、「わが県唯一の物産たる繭、生糸の如き、南多摩郡の八王子町を中心市場となす」から、「その財源を失」わせることになると説かれている点が、注意を引く。

表7－2－1は『神奈川県史』に出ている、県会議員の移管賛成・反対別の色分けである。北多摩郡が唯一

表7－2－1　三多摩移管に関する神奈川県会議員の賛否

	賛成派署名者	反対派署名者	無署名者
横浜市		15	
久良岐郡		2	
橘樹郡	1	3	
都築郡		2	
西多摩郡		3	
南多摩郡		4	
北多摩郡	4		
三浦郡		3	1
鎌倉郡		2	
高座郡	1	3	
大住郡		3	
淘綾郡		2	
足柄上郡		1	1
足柄下郡		3	
愛甲郡		2	
津久井郡		2	
合計	6	50	2

出典『神奈川県史』通史編近代・現代1

の例外で、その他の地域では反対派が圧倒的に多かったことがわかるだろう。
多摩三郡移管の法案が議会に提出されると、東京府下と神奈川県下では、このような情勢が繰り広げられた。神奈川県下の他郡はともかく、三多摩の内部とくに北多摩郡の中においてすら、東京府への移管にたいして根強い反対があったことは、今から振り返ると不思議な感じさえする。昨日までそうであったという歴史の重みのなせる仕業であろうか。

法案の方は二月二一日に衆議院で第一読会が開かれた。政府委員の内務省大森県治局長が趣旨説明をし、二、三の質疑が行われたのちに、議長の指名によって審査特別委員を選ぶことが決議される。その際に、審査特別委員会の審査は二日間に限る、という動議が出されるが、これは否決された。

審査特別委員には、自由党から工藤行幹（青森）、小田貫一（広島）、石坂昌孝（神奈川）、山田東次（同上）の四名、同盟倶楽部[註]から楠本正隆（東京）、浅尾長慶（山梨）、関戸覚三（茨城）の三名、改進党から犬養毅（岡山）の一名、国民協会から平林久衛（東京）の一名、計九名が選ばれた。

註　同盟倶楽部は旧独立倶楽部の中の、親民党的な議員と、無所属議員の一部とが集まって、第四議会の前に結成された準民党的な会派である。議席は二十であった。

この特別委員は、会派の人数に比例して選ばれたわけではなかった。しかも、同盟倶楽部の関戸が反対派にまわったために、衆議院全体では移管反対派の方が少数派であったにもかかわらず、委員会の内部では反対派の方が多数を占めることになった。

あまり細かくなりすぎるので、委員会の動向には立ち入らないことにする。二月二七日になって、前夜に何者かが玉川上水の羽村堰の水門の投渡木を一本取り払ったため（移管推進派の工作という匂いがするが）、東京の中心の四谷大木戸で水位が一尺五寸下がるという事件が起こった。このことがわかると、移管推進派の議員は衆議院で、この事件を口実として審査特別委員長の報告を求める動議を出す。しかし、議事日程変更の動議は可決されたけれども、委員長の報告を受ける動議は否決された。

会期末の翌二八日に、議事日程を変更して特別委員長の報告を求めるという動議が可決されて、工藤委員長が報告をする。彼は政府の調査資料とは異なって、管轄替えによって三多摩郡民の負担が増加するということを詳細に述べた。移管により地方税プラス町村税の額が増加するということが、反対論の重要な論点の一つであったが、いま一つはっきりしない点があるので、ここでは立ち入らないことにする。

会議はその内容には触れず、ただちに討論終結を可決する。その後、引き続いて第二読会、第三読会が開かれ、政府原案を可決するが、もはや議事の進行について述べる必要はないであろう。ここでは、第二読会の途中で反対派二十二名が退席したため、賛否の差が四十五に拡がったこと、退席者の中に神奈川三区選出の瀬戸岡為一郎（西多摩郡瀬戸岡村）がいたことだけを指摘しておく。

法案はただちに貴族院に送られた。貴族院はすでに議事を終えていたが、政府の要請で本会議を開き、審査特別委員への付託および読会を省略して、政府原案を可決する。初めから終わりまで、わずか十七分であったという。

こうした衆・貴両院の審議のあり方は、本会議における三読会制を規定し、各読会は少なくとも二日の間をおいて開くと定めた議院法および両院の議事規則を踏みにじるものではあったが、実はそれほど例外的なやり方ではなかった。しかし、多摩三郡に住民の生活に大きな影響を持つこの法案が、このように早急軽率に決められたのは問題だ、という意見がその当時から出されている。それは確かにそうであろう。

しかし地図を眺めていると、三多摩全体をふくむかどうかはともかくも、その大きな部分はいずれは東京府へ管轄替えになったであろうという気がしてならない。

第三節　法律成立後の状況

多摩三郡の東京府への移管を定めた法律は、明治二六年二月二八日に帝国議会で成立し、三月四日に法律第一二号として公布され、四月一日に施行された。しかし、その後もしばらくの間は、三多摩でも神奈川県でも激しい移管反対の運動が続いた。

神奈川県では三月一六日から県会が開かれた。先に見たように、県会は前年一二月に内海県知事らの罷免を要求した内相あての建議を可決したために解散させられ、この二月一日に県会議員選挙が行われた。三月に県会はこれを受けて開かれたものである。

この県会で、反対派は多摩三郡復旧建議案を提出し、定員五十八名のうち移管賛成派六名をふくむ十八名が欠席する中で、満場一致で可決した。その理由として、建議は(一)三郡人民は移管を承服せず、町村長、助役、町村会議員はおおむね職を辞し、行政機関は停止していること、(二)全県の面積の三分の一を占める三郡が分離されても、県の行政機関の縮小はできないので、県民の地方税の負担が必然的に過重となること、などを挙げている。

また、この審議の過程で、移管をめぐる内海前知事の責任を追究したのに対して、番外の県書記官が府県会規

表７－３－１　北多摩郡の府会議員選挙結果

明治20年（1893年）5月1日

当選	田中三四郎	（府中町、反対派）	2240票
〃	西山八郎	（砧村、反対派）	1216
〃	佐伯幸四郎	（谷保村、反対派）	1201
〃	吉野泰三	（三鷹村、賛成派）	1128
〃	比留間邦之助	（三ツ木村、反対派）	1121
次点	比留間清十郎	（東村山村、反対派）	1103
	村野七次郎	（久留米村、賛成派）	1055
	内野杢左衛門	（蔵敷村、賛成派）	1052
	砂川源五右衛門	（砂川村、賛成派）	1050
	他　　11名		83
	有権者総数　2936 有効投票総数 選挙方法　連記記名投票		

出典『東京府史』府会編第一巻

則を盾に取って、明確な答弁を一切しないのに業を煮やした県会議員たちは、予算の審議にあたって、多摩三郡の分をふくまない原案をすべて否決し、三郡の分をふくんだ予算を修正・可決した。

東京では、府知事富田鉄之助が四月五日から多摩三郡の巡視に出かけるが、南多摩の八王子でも西多摩の青梅でも、郡民の代表が知事に面会して、三郡の神奈川県への復帰などを激しく訴えた。

特に四月六日に府知事一行が西多摩郡の西多摩村に差し掛かったときには、梵鐘が鳴り響くのを合図に、蓑笠をつけた群衆五、六百名が、自由党万歳など書いた大旗をひるがえして現われ、一行を取り囲んで瓦礫を投げつけたり、人力車の車輪に棒を差し込もうとしたりした。一行が青梅の旅館にようやくたどり着くと、後を追ってきた群衆は土足で知事の部屋へなだれ込み、罵詈雑言を浴びせかけ、十数名の警官と旅館の主人のとりなしで、やっと鎮まったという。

この西多摩村は役場引き渡しをめぐって府当局と争い、五月半ばから七月まで、役場事務を東京府に代理管掌された。似たような出来事は、南多摩郡の堺村、忠生村、元八王子村、加住村、浅川村などでも見られたといわれる。

東京府は四月一日に三郡移管に伴う府会議員選挙を告示し、五月一日を投票日と定めた。これを機として勢力を拡大しようとする自由党は、四月一五日に移管賛成派の拠点三鷹村で、三多摩郡自由倶楽部発会式を挙行した。これには党員二百余名が集まり、党本部から幹事の石塚重平や、石坂昌孝・伊藤大八の両代議士が出席した。これは、北多摩郡の国民協会派に対する挑戦にほかならなかった。同派は、神奈川県時代に四名の県会議員を独占していた、北多摩郡正義派の後身であった。

北多摩郡の府会議員の議席は、神奈川県会議員の場合より一名増加して五名となっていたが、選挙の結果は表7－3－1のとおりであった。票数でいえばかなりの接戦であったといってよいかもしれないが、当選者でいえば自由党系の圧勝であり、反自由党系は吉野泰三が一人当選しただけであった。自由党が郡民の多摩三郡の移管に対する反対と、選挙大干渉以来の国民協会に対する反感をうまく利用した結果だといわれる。

この自由党系の大勝が、逆に多摩三郡の管轄替えに対する不満を発散させる役割を果たした。七月に東京府による西多摩村の事務官掌が解かれるころを境として、移管反対の動きは三多摩の地域でも急速に消滅していくことになった。

武蔵野市百年史　前史
——武蔵野四か村の成り立ちから三多摩の東京府移管まで——

二〇一六年一〇月三一　発　行

著　者　植手《うえて》通有《みちあり》
発行者　渡辺弘一郎
発行所　株式会社 あっぷる出版社
〒101-0064 東京都千代田区猿楽町二-五-二
電　話 〇三-三二九四-三七八〇
FAX 〇三-三二九四-三七八四
URL http://applepublishing.co.jp/

印　刷　株式会社　平文社
製　本　有限会社　旭紙工所